**MANAGEMENT TOOLS**

Eckhard Eyer

# Innovative Entgeltsysteme
## Mitarbeiter nach Tätigkeit, Leistung und Erfolg vergüten

VINCENTZ NETWORK

Bibliografische Information der Deutschen Nationalbibliothek

Die Deutsche Nationalbibliothek verzeichnet diese Publikation in der Deutschen Nationalbiblio-
grafie; detaillierte bibliografische Daten sind im Internet über http://dnb.d-nb.de abrufbar.

Die Verfasser nehmen sich heraus, zur besseren Lesbarkeit ausschließlich die männliche
Form aller Bezeichnungen zu verwenden. Es wird ausdrücklich darauf hingewiesen, dass sich
selbstverständlich Frauen gleichermaßen angesprochen fühlen sollten.

Sämtliche Angaben und Darstellungen in diesem Buch entsprechen dem aktuellen Stand des
Wissens und sind bestmöglich aufbereitet.

Der Verlag und die Autoren können jedoch trotzdem keine Haftung für Schäden übernehmen,
die im Zusammenhang mit Inhalten dieses Buches entstehen.

© VINCENTZ NETWORK, Hannover 2010

**VINCENTZ.NET** Besuchen Sie uns im Internet: www.vincentz.net

Satz: BöHM Druckvorstufe, Ronnenberg
Druck: BWH GmbH, Hannover
Foto Titelseite: Bildagentur mauritius GmbH

ISBN 3-86630-115-4
      978-3-86630-115-3

# Mind Map®

### Die Buch-Landkarte für das Buch »Innovative Entgeltsysteme«

Seit 2008 finden Sie in den Büchern von Vincentz Network eine solche Landkarte in Form eines Mind Maps®. Sie soll der Orientierung dienen und stellt das Thema des Buches in einen übergeordneten Zusammenhang. Außerdem erklärt die Buch-Landkarte, welches Thema im aktuellen Buch behandelt wird und welche Themen es parallel noch gibt.

Viel Spaß beim Entdecken!

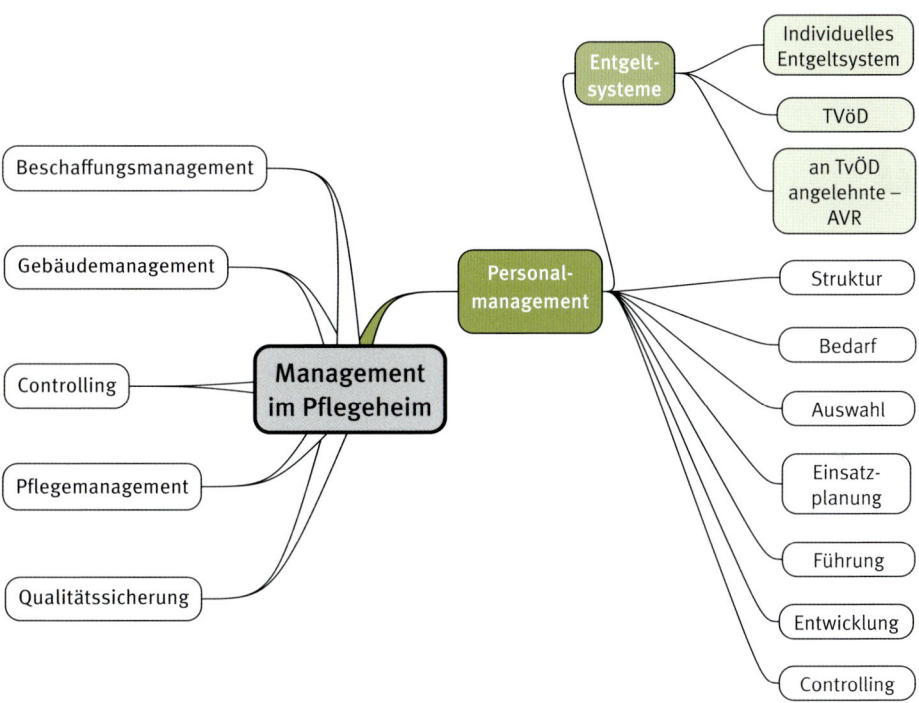

Innovative Entgeltsysteme, Eckhard Eyer
© Vincentz Network GmbH & Co. KG, Hannover 2010; ISBN 978-3-86630-115-3

# Inhalt

Innovative Entgeltsysteme, Eckhard Eyer
© Vincentz Network GmbH & Co. KG, Hannover 2010; ISBN 978-3-86630-115-3

## Beispiele aus der Praxis

# Vorwort

Mitarbeiter sind die Erfolgsfaktoren in den stationären Pflegeeinrichtungen und zugleich auch Kostenfaktoren. Bis in die Gegenwart steht – so scheint es, wenn man die Diskussionen in der Fachpresse, auf Kongressen und Seminaren verfolgt – der Mitarbeiter als Kostenfaktor im Vordergrund. Vereinzelt wird aber auch vom Mitarbeiter als Erfolgsfaktor gesprochen und die Mitarbeitergewinnung und -bindung thematisiert.

Das vorliegende Buch »Innovative Entgeltsysteme« stellt sich der Frage nach angemessenen Vergütungsstrukturen bzw. Entgeltstrukturen in der stationären Altenarbeit. Es richtet sich an das Management von Altenhilfeeinrichtungen, aber auch Verantwortliche der Tarifvertragsparteien, die mit der Gestaltung von Entgeltsystemen betraut sind, sowie Betriebsräte und Mitarbeitervertreter.

Im Mittelpunkt dieses Buches stehen einzelne Einrichtungen aber auch Träger mit mehreren Einrichtungen. Sie erkennen – wie die Erfahrung zeigt – aufgrund ihrer Betroffenheit die Herausforderungen häufig früher und kommen, gemeinsam mit ihren informierten Mitarbeitern, schneller zu zukunftsfähigen Entgeltsystemen als Arbeitgeberverbände und Gewerkschaften.

In dem Buch werden die betriebsspezifischen Gestaltungsmöglichkeiten für

- das tätigkeitsbezogene Grundentgelt,
- das leistungsbezogene Entgelt und
- das ergebnisabhängige Erfolgsentgelt

aufgezeigt. Darüber hinaus werden Schritt für Schritt das Projektmanagement und die Bedeutung der Schattenrechnungen bei der Gestaltung von finanzierbaren und sozialverträglichen Entgeltsystemen sowie sinnvolle Übergangsregelungen zur Flankierung der Einführung des neuen Entgeltsystems beschrieben.

Im Anschluss an diese Ausführungen werden betriebliche Entgeltsysteme und ein betriebliches Leistungsentgeltsystem vorgestellt. Der Leser wird dadurch befähigt einerseits eigene Entgeltsysteme zu entwickeln und andererseits Module aus der Praxis auf die eigene betriebliche Situation zuzuschneiden. Die Einrichtungen können dadurch ein zukunftsfähiges betriebliches Entgeltsystem erarbeiten.

Innovative Entgeltsysteme, Eckhard Eyer
© Vincentz Network GmbH & Co. KG, Hannover 2010; ISBN 978-3-86630-115-3

Zur Analyse der betrieblichen Situation im Hinblick auf die »Reife« des Unternehmens für ein betriebliches Entgeltsystem ist abschließend eine Checkliste erarbeitet; mit ihr können die Entscheider die betriebliche Situation beurteilen und bei der Einführung eines neuen Entgeltsystems berücksichtigen. Hinweise zu Literatur und Kontaktadressen runden das Bild ab.

Köln, im Frühjahr 2010
Eckhard Eyer

# Gestalten betrieblicher Entgeltsysteme

## 1 Ausgangssituation

Die Einrichtungen der stationären Altenarbeit, die sich im letzten Jahrhundert aufgrund der günstigen Refinanzierung nach dem Bundesangestelltentarif (BAT) auch bei der Vergütung ihrer Mitarbeiter daran anlehnten, stellen sich heute zunehmend die Frage, wie sie angesichts der immer schlechteren Refinanzierung der stationären Altenarbeit wirtschaftlich überleben können. Der Wechsel vom BAT zum Tarifvertrag des öffentlichen Dienstes (TVöD) im Jahr 2005 bringt hier keine grundsätzlichen Veränderungen. Im Gegenteil, da die Personalkosten der größte Einzelkostenblock sind, wird er besonders kritisch analysiert. Nicht wenige Einrichtungen in kommunaler Trägerschaft werden an private oder gemeinnützige Träger verkauft. Andere gängige Strategien, die in der stationären Altenarbeit gewählt werden, sind u.a.

- Outsourcing von Hauswirtschaftsbereichen,
- Outsourcing von Reinigungsarbeiten,
- Einstellung neuer Mitarbeiter zu wesentlich geringeren Gehältern als die der bereits in der Einrichtung arbeitenden Mitarbeiter,
- Kürzung bzw. Streichung von Jahressonderzahlungen.

Die genannten Strategien sind Notlösungen für die Einrichtungen und spalten die Belegschaft zwischen »alten Mitarbeitern«, »neuen Mitarbeitern« und »ausgelagerten Mitarbeitern«, die jedoch alle gemeinsam die Dienstleistungen der Einrichtung am Markt mit einem Lächeln und einem guten Wort für die Bewohner erbringen sollen.

Als besonders problematisch zeigt sich diese Situation, wenn im Zuge der steigenden Qualitätsanforderungen eine Feedbackkultur mit allen Mitarbeitern aufgebaut wird, die mit einem Leistungsentgelt und/oder Erfolgsentgelt verbunden wird, das auf sehr unterschiedlichen Grundentgelten beruht. Die Mitarbeiter erleben dann große Ungerechtigkeiten und versagen nicht selten die »Gefolgschaft«. Dies ist insbesondere bei angespannten regionalen Arbeitsmärkten für Fachkräfte nicht unproblematisch.

Die Tatsache, dass eine Reihe privater Anbieter sozialer Dienstleistungen ohne BAT-Vergangenheit und TVöD-Gegenwart die Vorteile in der Gestaltung der Vergütung nutzte und die beschriebenen Probleme nicht in der Schärfe hat, sprechen für ein durchgängiges, in sich schlüssiges Vergütungssystem für alle Mitarbeiter.

Zunehmend ist auch zu beobachten, dass private Anbieter von sozialen Dienstleistungen aufgrund des Lebensalters des Inhabers bzw. geschäftsführenden Gesellschafters ihre Einrichtungen verkaufen, fusionieren oder von Dritten bewirtschaften lassen. In diesen Fällen, in denen unterschiedliche Unternehmenskulturen und Vergütungssysteme aufeinandertreffen, ist es wichtig, diese zu harmonisieren, denn »Zweiklassengesellschaften« erschweren bzw. verhindern das erfolgreiche Zusammenwachsen

Innovative Entgeltsysteme, Eckhard Eyer
© Vincentz Network GmbH & Co. KG, Hannover 2010; ISBN 978-3-86630-115-3

dieser Einrichtungen unter dem Dach eines Trägers. Nicht zuletzt durch die gleiche Bezahlung gleicher und gleichwertiger Arbeit können diese Einrichtungen schneller, besser und damit erfolgreicher zusammengeführt werden.

Bei ihrer Zukunftssicherung stehen die Einrichtungen und Träger vor der Frage, wie sie einen finanzierbaren und sozialverträglichen Weg bei der Gestaltung eines eigenen Entgeltsystems beschreiten.

Das Entgeltsystem sollte – nach herrschender Meinung und den sich abzeichnenden Entwicklungen in der stationären Altenarbeit – aus drei Komponenten bestehen, einem anforderungsbezogenen Grundentgelt, einem von der Leistung des Einzelnen oder des Teams abhängigen Leistungsentgelt und einem vom Einrichtungsergebnis abhängigen Erfolgsentgelt.

Die Gestaltung und Einführung eines einrichtungsspezifischen Entgeltsystems sollte als Projekt durchgeführt werden und unter angemessener Einbeziehung der Betriebsräte und Mitarbeiter erfolgen. Der Prozess sollte unter den Prämissen der Finanzierbarkeit und sozialen Verträglichkeit des neuen Entgeltsystems gestartet werden, damit er konstruktiv verlaufen kann.

## 2 Ziele und Aufbau eines neuen Entgeltsystems

### 2.1 Ziele

Die Ziele eines neuen Entgeltsystems werden erstens aus der Kritik des bestehenden Entgeltsystems heraus formuliert, zweitens aus den Vergleichen mit Wettbewerbern, den Benchmarks, und drittens durch Vergleiche der Einkommensmöglichkeiten am Arbeitsmarkt.

Die Kritik am BAT und den sich daran anlehnenden Regelungen, wie z. B. den Arbeitsvertragsrichtlinien der Diakonie bzw. der Caritas, richtet sich insbesondere auf

- die qualifikations- statt tätigkeitsabhängige Vergütung,
- das Senioritätsprinzip, nach dem ältere Mitarbeiter höher bezahlt werden als jüngere Mitarbeiter, die die gleiche Tätigkeit (bei gleicher Leistung) verrichten,
- das Alimentationsprinzip, das die Unternehmen dazu verpflichtet, Mitarbeiter nach sachfremden Kriterien wie Familienstand und Anzahl der Kinder zu vergüten, ohne dass dies bei den Einnahmen – der Refinanzierung – angemessene Berücksichtigung findet,
- die fehlende tarifliche leistungs- und erfolgsabhängige Vergütung der Mitarbeiter.

Durch die Einführung des TVöD änderten sich die Bedingungen teilweise, weil die Alimentation gestrichen und die Einführung eines Leistungsentgelts möglich wurde. Das Senioritätsprinzip wurde durch die Entwicklungsstufen abgeschwächt, aber die mittel-

Innovative Entgeltsysteme, Eckhard Eyer
© Vincentz Network GmbH & Co. KG, Hannover 2010; ISBN 978-3-86630-115-3

bare Diskriminierung bleibt. Der gravierende Mangel des TVöD ist, dass er fünf Jahre nach seiner Unterzeichnung noch keine Entgeltgruppenbeschreibungen bzw. kein Arbeitsbewertungssystem hat. Eine klare Zuordnung von Tätigkeiten zu Entgeltgruppen ist nur unter Zuhilfenahme des alten BAT möglich, der eigentlich ausgedient hat.

Verschiedene Einrichtungen der stationären Altenarbeit formulieren deshalb – unabhängig voneinander – als Ziele eines neuen Entgeltsystems

- eine von der persönlichen Lebenssituation der Mitarbeiter unabhängige Vergütung,
- eine von der Tätigkeit und deren Anforderungen an die Mitarbeiter abhängige Vergütung – unabhängig vom formalen Bildungsabschluss (soweit gesetzlich nicht gefordert),
- eine spürbare leistungsabhängige Vergütung, die die Personalarbeit der stationären Altenarbeit intensiviert und fördert,
- eine Beteiligung der Mitarbeiter am Unternehmenserfolg, die Chancen auf Mehrverdienst aber auch die Chance des Arbeitsplatzerhalts bei einer reduzierten Vergütung bietet.

Aus diesen Zielen leitet sich ein aus mehreren Komponenten bestehendes Entgeltsystem ab.

## 2.2 Aufbau des Entgeltsystems

Entgeltsysteme, die den genannten Zielen gerecht werden, bestehen i. d. R. aus drei Komponenten

- einem anforderungsabhängigen Grundentgelt,
- einem leistungsabhängigen Entgelt und
- einem erfolgsabhängigen Entgelt (siehe Abb. 1).

Die Höhe der einzelnen Entgeltkomponenten bewegt sich üblicherweise bei Mitarbeitern im nicht leitenden Bereich in folgenden Größenordnungen bezogen auf das Jahresentgelt:

- Grundentgelt        80 % – 90 %
- Leistungsentgelt    5 % – 15 %
- Erfolgsentgelt      5 % – 10 %

Führt man betriebliche Entgeltsysteme neu ein, kann die Höhe der einzelnen Komponenten auch als eine Zielgröße betrachtet werden, die in einem überschaubaren Zeitraum zu erreichen ist.

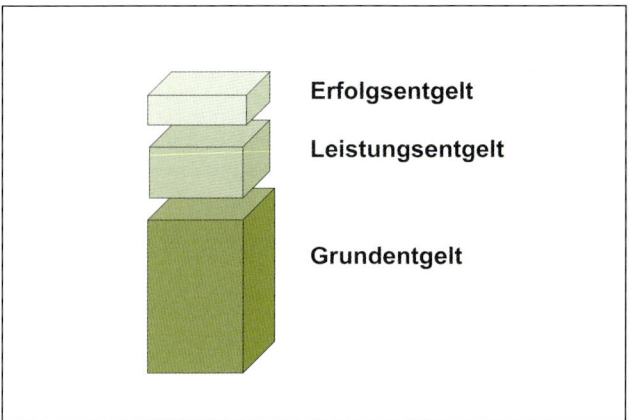

Abb.1: Entgeltkomponenten

## 3 Entwicklungen am Markt und eigene Vorstellungen

Denkt man über den Aufbau eines betrieblichen Entgeltsystems nach, ist es wichtig, neben den eigenen Vorstellungen auch eine Analyse der Tarifwerke der Wettbewerber vorzunehmen. Im Vergleich mit den eigenen Vorstellungen kann man sich dann für eine von vier grundsätzlichen Optionen entscheiden:

- »Eingefrorenen« BAT beibehalten,
- TVöD übernehmen,
- passendes Tarifwerk von Dritten übernehmen,
- einrichtungsspezifisches Entgeltsystem erarbeiten.

Bei der Bewertung dieser Optionen sind auch zukünftige Entwicklungen und Trends in der stationären Altenarbeit, insbesondere die Refinanzierung und die Veränderungen am Arbeitsmarkt, zu antizipieren.

Bei der Entscheidung für »das richtige Entgeltsystem« sind zum einen die eigenen inhaltlichen Kriterien zu berücksichtigen aber auch die Analyse der eigenen Situation. Hierzu ist im letzten Kapitel eine Checkliste erarbeitet, mit der der Entscheider – in Kenntnis der Gestaltungsoptionen und des Einführungsprozesses – prüft, welches Entgeltsystem und welcher damit verbundene Weg für sein Unternehmen optimal ist.

Innovative Entgeltsysteme, Eckhard Eyer
© Vincentz Network GmbH & Co. KG, Hannover 2010; ISBN 978-3-86630-115-3

# Gestaltung des Grundentgelts

## 1 Einführung

Für die Ermittlung des Grundentgelts sind verschiedene Komponenten des Grundentgeltsystems festzulegen bzw. zu erarbeiten:

- ein Verfahren zur Ermittlung des Arbeitswertes einer Tätigkeit, die Arbeitsbewertung,
- eine Entgeltgruppensystematik sowie
- eine Entgelttabelle.

Die Erarbeitung der jeweiligen Komponenten bietet weite Handlungsspielräume, deren Ausfüllung sich an den vorgegebenen Zielen der Einrichtung oder des Unternehmens bezüglich des Entgeltsystems orientieren sollte.

## 2 Arbeitsbewertung – summarisch oder analytisch

Ziel der Arbeitsbewertung ist es, den Wert einer Tätigkeit zu ermitteln – unabhängig von der Person, die diese ausführt. Diese Arbeitsbewertung kann mithilfe unterschiedlicher Methoden erfolgen.

Die summarische Arbeitsbewertung betrachtet die Tätigkeit in Gänze und ordnet sie in der Regel aufgrund der geforderten Kenntnisse sowie der zu übernehmenden Verantwortung einer Entgeltgruppe zu. Betrachtet werden immer die Anforderungen, die die Ausführung der Tätigkeit erfordert, aber nicht die Fähigkeiten, die der Mitarbeiter seinerseits mitbringt. Die Person des Mitarbeiters ist für diese Bewertung nicht von Bedeutung. Der Wert der Tätigkeit ist unabhängig davon, welcher Mitarbeiter diese ausführt.

Die Zahl der Entgeltgruppen richtet sich in der Regel danach, inwieweit eine sinnvolle inhaltliche Abgrenzung der Entgeltgruppenbeschreibungen möglich ist.

Ein Beispiel für eine summarische Arbeitsbewertung ist der Auszug aus dem Verfahren der »Projektgesellschaft innovatives Arbeiten in caritativen Unternehmen« (p.i.a).

| Entgelt-Gruppe | Beschreibung: Tätigkeiten, die ... |
|---|---|
| ... | ... |
| E | ... Kenntnisse und Fertigkeiten erfordern, die durch eine 2-jährige Ausbildung oder durch entsprechende Qualifizierungen auf einem anderen Wege erworben werden |

Innovative Entgeltsysteme, Eckhard Eyer
© Vincentz Network GmbH & Co. KG, Hannover 2010; ISBN 978-3-86630-115-3

| Entgelt-Gruppe | Beschreibung: Tätigkeiten, die ... |
|---|---|
| F | ... Kenntnisse und Fertigkeiten erfordern, die durch eine 2,5 bzw. 3-jährige Ausbildung oder durch entsprechende Qualifizierungen auf einem anderen Wege erworben werden |
| G | ... Kenntnisse und Fertigkeiten erfordern, die durch eine 2,5 bzw. 3-jährige Ausbildung oder durch entsprechende Qualifizierungen auf einem anderen Wege erworben werden, sowie zusätzliche Fachkenntnisse, die durch eine qualifizierte Weiterbildung oder auf einem anderen Wege erworben werden oder personelle Verantwortung für unterstellte Mitarbeiter |

Abb. 2: Auszug aus einem summarischen Entgeltsystem (Quelle: www.a-cu.de)

Das Verfahren der analytischen Arbeitsbewertung geht dagegen sehr viel differenzierter vor.

Die Bewertung der Tätigkeit erfolgt anhand von drei bis sechs Anforderungsmerkmalen, die häufig noch durch Untermerkmale untergliedert werden. Diese Anforderungsmerkmale und ggf. Untermerkmale werden zunächst definiert. Anschließend werden für jedes Anforderungs- bzw. Untermerkmal Anforderungsniveaus oder -stufen beschrieben. Mithilfe dieser Merkmale und Stufen wird eine Tätigkeit – ebenfalls unabhängig von der Person, die diese ausführt – systematisch analysiert und bewertet. Im Folgenden ist ein Auszug aus einem analytischen Arbeitsbewertungsverfahren als Beispiel dargestellt, das die Anforderungsmerkmale und ihre Stufen enthält

| Anforderungs-merkmal | Unter-merkmal | Stufe | Stufenbeschreibung | Punkt-wert |
|---|---|---|---|---|
| 1. Kenntnisse/ Qualifikation | 1.1 Fachliche/ formale Qualifikation | | ... | |
| | | 3 | Abgeschlossene Ausbildung 3 Jahre | 12 |
| | | 4 | 3 Jahre Ausbildung und zusätzliche Spezialkenntnisse, die i. d. R. durch folgende Abschlüsse erworben werden: z.B. Techniker, Betriebswirt Berufsakademie, .... | 15 |
| | | 5 | Fachhochschulabschluss; Bachelor | 18 |
| | 1.2 notwendige Berufserfahrung | 1 | Keine bzw. bis ein Jahr | 0 |
| | | 2 | 1-3 Jahre tätigkeitsrelevante Berufserfahrung | 3 |
| | | 3 | Mehr als 3 Jahre tätigkeitsrelevante Berufserfahrung | 6 |
| | | ... | ... | ... |

| Anforderungs-merkmal | Unter-merkmal | Stufe | Stufenbeschreibung | Punkt-wert |
|---|---|---|---|---|
| 2. Soziale Kompetenz | | 1 | Kein oder nur gelegentlicher Kontakt mit Kunden und Kollegen | 2 |
| | | 2 | ... | 4 |
| | | ... | ... | ... |
| 3. Mitarbeiter-führung | | 1 | ... | 0 |
| | | 2 | Fachliche Führung von Mitarbeitern | 3 |
| | | 3 | Disziplinarische Führung von Mitarbeitern | 8 |
| 4. Verantwortung | | 1 | Verantwortung für die eigene, im Detail vorgegebene Arbeit | 2 |
| | | 2 | Verantwortung für die eigene, im Wesentlichen vorgegebene Arbeit | 5 |
| | | 3 | ... | |

Abb. 3: Auszug aus einem analytischen Arbeitsbewertungsverfahren

Wie aus dem Beispiel ersichtlich, werden in einem weiteren Schritt den Stufen der Anforderungs-/Untermerkmale Punktwerte zugeordnet. Diese Zuordnung der Punkte kann so erfolgen, dass eine unterschiedliche Gewichtung der Anforderungs-/Untermerkmale festgelegt wird.

Bei der Bewertung einer Tätigkeit werden nun für jedes Anforderungs-/Untermerkmal das zutreffende Anforderungsniveau und der entsprechende Punktwert ermittelt. Die Summe dieser Punkte ergibt letztlich den Wert der Tätigkeit, den sogenannten Arbeitswert.

Vergleicht man diese Verfahren, so wird deutlich, dass das analytische Arbeitsbewertungsverfahren sicher genauer misst, da es eine größere Zahl von Anforderungs-/Untermerkmalen und exakte Stufenbeschreibungen verwendet. Dies bedeutet aber auch, dass der Aufwand zur Ermittlung des Arbeitswertes wesentlich höher ist als beim summarischen Verfahren. Auch erfordert das analytische Verfahren eine ständige Pflege und Kontrolle des Systems sowie eine umfangreiche Unterweisung der Bewerter. Das analytische Verfahren sollte daher in erster Linie dort angewendet werden, wo Tätigkeiten durch drei oder mehr Anforderungen gekennzeichnet sind, so dass dort eine feine Differenzierung sinnvoll ist.

## Tätigkeits- oder Stellenbeschreibung und -analyse – ein wichtiges Hilfsmittel für die Arbeitsbewertung

Bei der Einführung eines neuen Grundentgeltsystems verbunden mit der Anwendung einer summarischen oder analytischen Arbeitsbewertung stellt die Tätigkeits- oder Stellenbeschreibung ein wichtiges Hilfsmittel dar.

In der Stellenbeschreibung sind die wesentlichen Aspekte einer Tätigkeit – unabhängig davon, welcher Mitarbeiter sie ausführt – dokumentiert. Dazu gehören z.B. die genaue Bezeichnung der Tätigkeit, ihre Einordnung im Arbeitsprozess sowie die wesentlichen Arbeitsaufgaben. Eine solche Stellenbeschreibung, die für die Tätigkeiten in einer Einrichtung nach einem einheitlichen Muster vorgenommen werden sollte, dient nicht nur der Arbeitsbewertung, sondern sie dient z.B. der Personalabteilung als Grundlage für die Stellenausschreibung oder auch dem Mitarbeiter als schriftliche Information über die mit seiner Tätigkeit verbundenen Arbeitsaufgaben. Zugleich lassen sich mithilfe der Stellenbeschreibung Tätigkeiten klar voneinander abgrenzen. Ein Muster für eine Stellenbeschreibung enthält die folgende Abb.

In einem zweiten Schritt sollte für jede Stellen- oder Tätigkeitsbeschreibung auch eine Analyse erstellt werden. In dieser Analyse ist festgehalten, welche Anforderungen die Tätigkeit an den oder die ausführenden Mitarbeiter stellt. So wird beispielsweise das erforderliche Qualifikationsniveau angegeben, aber auch inwieweit Verantwortung für unterstellte Mitarbeiter oder für Budgets zu übernehmen ist. Bei der Durchführung dieser Analyse ist es oft hilfreich sich zu überlegen, welche Voraussetzungen ein Mitarbeiter erfüllen sollte, wenn man diese Stelle für eine Neubesetzung ausschreibt. Damit gelingt es oft besser, bei der Analyse rein tätigkeitsorientiert vorzugehen. Ein Muster für eine Stellenanalyse, die in der Regel eine weitere Seite der Stellenbeschreibung darstellt, finden sie in Abb. auf Seite 18.

| Stellenbeschreibung |
| --- |
| **Bezeichnung der Tätigkeit:** |
| **Organisatorische Einordnung:**<br><br>Bereich:<br><br>Abteilung: |
| **Arbeitsaufgabe**<br>(Tätigkeit in Kurzform/Hauptziele der Tätigkeit) |

**Einordnung der Stelle:**

Vorgesetzte Stelle:

Unmittelbar Unterstelle:

**Beschreibung der wichtigsten Arbeitsaufgaben:**

Regelmäßige Arbeitsaufgaben

**Temporäre Zusatzaufgaben**

Abb. 4: Muster für eine Tätigkeits-/Stellenbeschreibung

**Stellenanalyse und -bewertung**

**Stellenbezogenes Anforderungsprofil**

**1. Fachliche Kompetenz**

Kenntnisse und Fertigkeiten:

- ☐ Keine Kenntnisse
- ☐ Anlernen:
  - ○ Einweisung von einer bis zu vier Wochen
  - ○ Anlernen von mehr als vier Wochen bis zu einem Jahr
  - ○ ...

- ☐ Ausbildung:
  - ○ 1-jährige Ausbildung, Abschluss als ...
  - ○ 2-jährige Ausbildung, Abschluss als ...
  - ○ 2,5-3-jährige Ausbildung, Abschluss als ...
  - ○ Fachschulausbildung, Dauer und Abschluss als ...
  - ○ ...

- ☐ Studium:
  - ○ i.d.R. 3-jähriges (Fach-)Hochschulstudium, Abschluss als ...
  - ○ i.d.R. 5-jähriges (Fach-)Hochschulstudium Abschluss als ...
  - ○ ...

⇨

| Stellenanalyse und -bewertung |
| --- |
| Zusätzliche Fachkenntnisse:<br>☐ Nein<br>☐ Ja<br>Welche? (Bezeichnung der Qualifikation/des Abschlusses)<br>... |
| Berufserfahrung<br>☐ Keine Erfahrung<br>☐ 1 bis 3 Jahre Erfahrung<br>☐ Mehr als 3 bis 5 Jahre Erfahrung<br>☐ Mehr als 5 Jahre Erfahrung |
| 2. Verantwortung<br>☐ Keine Übernahme von Verantwortung erforderlich<br>☐ Übernahme fachlicher Verantwortung erforderlich<br>☐ Übernahme disziplinarischer Verantwortung erforderlich |
| 3. Bemerkungen:<br>(weitere eingruppierungsrelevante Daten wie z.B. besondere Verpflichtungen, Unterschrifts-<br>berechtigungen) |
| Entgeltgruppe: |
| Erstellt von:                                         Datum: |

Abb. 5: Muster für eine Tätigkeits-/Stellenanalyse

# 3 Von Arbeitswert oder Entgeltgruppe zum Entgelt

### 3.1 Vom Arbeitswert zum Entgelt

Hat man mittels analytischer Arbeitsbewertung den Arbeitswert einer Tätigkeit ermittelt, ist dies die Grundlage für die Festlegung des jeweiligen Grundentgeltes.

In der Praxis finden sich zwei unterschiedliche Wege zur Ermittlung des Grundentgeltes:

Der direkte Weg: €-Betrag je Punkt

Grundsätzlich besteht die Möglichkeit, die Verknüpfung von Arbeitswert mit dem Entgelt in der Form zu gestalten, dass jedem Punkt ein gewisser €-Betrag zugeordnet wird, der von den Tarif- oder Betriebsparteien vereinbart wird: Das jeweilige Entgelt

Innovative Entgeltsysteme, Eckhard Eyer
© Vincentz Network GmbH & Co. KG, Hannover 2010; ISBN 978-3-86630-115-3

für die Tätigkeit ergibt sich dann aus der Multiplikation des ermittelten Arbeitswertes mit diesem €-Betrag.

Diese Vorgehensweise hat den Vorteil, dass die sehr systematisch und analytisch ermittelten Arbeitswerte von Tätigkeiten direkt mit der jeweiligen Vergütung verknüpft sind. Dies erfordert jedoch andererseits einen hohen Aufwand der Pflege und ständigen Überprüfung des Systems und kann im schlechten Fall zu häufigen Diskussionen über die »richtige« Bewertung führen.

Bündelung von Arbeitswerten zu Entgeltgruppen

Bei dieser Alternative werden wie beim summarischen System Entgeltgruppen gebildet, denen hier nicht Entgeltgruppenbeschreibungen, sondern Spannen von Arbeitswerten zugeordnet werden. Dies ist beispielhaft in der folgenden Abbildung dargestellt. Das bedeutet: nach Ermittlung des Arbeitswertes ist zu prüfen, welcher Entgeltgruppe dieser Arbeitswert entspricht; demzufolge erhält der Mitarbeiter dann das der jeweiligen Entgeltgruppe entsprechende Entgelt. Die Festlegung der Anzahl der Entgeltgruppen sowie die Zuordnung und Gestaltung der Arbeitswertspannen ist im Unternehmen mithilfe praktischer Tätigkeitsbeispiele vorzunehmen.

| Entgeltgruppe | Alternative A Arbeitswertspanne linear | Alternative B Arbeitswertspanne progressiv |
|---|---|---|
| 1 | 0 – 10 | 0 – 6 |
| 2 | 11 – 20 | 7 – 13 |
| 3 | 21 – 30 | 14 – 21 |
| 4 | 31 – 40 | 22 – 30 |
| 5 | 41 – 50 | 31 – 40 |
| 6 | 51 – 60 | 41 – 51 |
| 7 | 61 – 70 | 52 – 63 |
| 8 | 71 – 80 | 64 – 76 |
| 9 | 81 – 90 | 77 – 90 |
| 10 | 91 – 100 | >91 |

Abb. 6: Bündelung der Punkte zu Entgeltgruppen (beispielhaft zwei Alternativen)

Diese Vorgehensweise hat den Vorteil, dass bei geringfügigen Änderungen der Tätigkeit nicht immer auch eine Überprüfung und ggf. Veränderung des Entgelts erfolgen muss. Bleibt der Arbeitswert nach wie vor innerhalb der bisherigen Spanne, verändert sich nichts. Das System reagiert weniger sensibel auf Veränderungen, ist damit auch weniger störanfällig und verursacht einen nicht so hohen Pflegeaufwand. Auch erlaubt die Zuordnung zu Entgelt- oder Vergütungsgruppen einen besseren Überblick über das gesamte Vergütungssystem innerhalb einer Einrichtung.

### 3.2 Von der Entgeltgruppe zum Entgelt

Unabhängig davon, ob die Zuordnung der Tätigkeit zu einer Entgeltgruppe über den Arbeitswert aufgrund einer analytischen Arbeitsbewertung oder mithilfe der summarischen Entgeltgruppenbeschreibungen erfolgt, ist der Weg von der Entgeltgruppe zum Entgelt der Gleiche.

Eine Entgelttabelle ist festzulegen, in der der jeweiligen Entgeltgruppe €-Beträge zugeordnet sind.

Hier ergeben sich umfangreiche Gestaltungsspielräume, die in der Praxis heute oft noch dahingehend erweitert werden, dass für jede Entgeltgruppe noch Stufen eingefügt werden, die als sogenannte Entwicklungs- oder Erfahrungsstufen eine Steigerung des Grundentgeltes mit zunehmender Betriebszugehörigkeit oder Erfahrung ermöglichen. Mithilfe von Schattenrechnungen ist die Entgelttabelle so zu erarbeiten, dass sie den Prämissen entspricht, die zuvor in der Einrichtung bezüglich der Kosten des neuen Grundentgeltsystems sowie der Absicherung der Mitarbeiter gesetzt wurden.

Beispielhaft wird in der folgenden Abbildung eine Entgelttabelle mit Eingangs-, Haupt- und Zusatzstufe gezeigt, in der zunächst nur das prozentuale Verhältnis der Entgeltgruppen und -stufen zueinander dargestellt ist.

Indem man der 100%-Stufe (Entgeltgruppe 1, Eingangsstufe) einen €-Betrag zuweist, lassen sich die weiteren €-Beträge errechnen.

| Entgeltgruppe | Eingangsstufe bis 6 Monate | Hauptstufe >6 Monate – 2 Jahre | Zusatzstufe >2 Jahre |
|---|---|---|---|
| 1 | 100 % | 105 % | 115 % |
| 2 | 120 % | 125 % | 135 % |
| 3 | 140 % | 148 % | 160 % |
| 4 | 170 % | 178 % | 190 % |
| 5 | 200 % | 208 % | 220 % |
| 6 | 230 % | 240 % | 260 % |
| 7 | 270 % | 280 % | 300 % |
| 8 | 310 % | 320 % | 340 % |
| 9 | 350 % | 363 % | 388 % |
| 10 | 400 % | 415 % | 445 % |

Abb. 7: Entgelttabelle mit drei Stufen je Entgeltgruppe (Prozent-Werte sind beispielhaft)

# Leistungsentgelt – Gestaltungsoptionen und Einführung

Leistungsentgelt war in der stationären Altenarbeit und in der gesamten Sozialwirtschaft unüblich und sogar verpönt. Schließlich arbeiteten die Menschen in der stationären Altenarbeit aus innerer Überzeugung und mit hoher intrinsischer Motivation, die durch einen monetären Leistungsanreiz nicht zu steigern war. Auch wenn diese These zunehmend infrage gestellt wurde, wurden kaum Leistungsentgeltsysteme eingeführt. Das änderte sich in der Sozialwirtschaft und in der stationären Altenarbeit mit dem Tarifvertrag für den öffentlichen Dienst, kurz TVöD, der zum 1. Oktober 2005 eingeführt wurde und die Einführung eines tariflichen Leistungsentgeltes zum 01.01.2007 vorsah. Dies ist eine ganz wesentliche Neuerung, die mit dem Ziel verbunden ist, die Dienstleistungen zu verbessern und die Motivation, Eigenverantwortung und Führungskompetenz der Mitarbeiter zu stärken. Was sich in der Privatwirtschaft schon seit langer Zeit bewährt hat, wird so auch in der stationären Altenarbeit eingeführt.

Plant eine Einrichtung eine Form der leistungsabhängigen Vergütung einzuführen, um die Motivation und Einbindung der Mitarbeiter zu erhöhen, bieten sich grundsätzlich unterschiedliche Formen des Leistungsentgelts an, die vom in der Industrie üblichen Akkord- und Prämienlohn über die Leistungszulage oder -prämie aufgrund von Leistungsbewertung bis hin zu Zielboni aufgrund von Zielvereinbarungen reichen. Da im Bereich der stationären Altenhilfe die rein auf messbaren Kriterien wie Quantität und Qualität beruhenden Formen des Akkord- und Prämienlohns keine Anwendung finden, beschränken sich die folgenden Ausführungen auf die – auch im öffentlichen Dienst – vereinbarten Formen der Leistungszulage oder -prämie aufgrund von Leistungsbewertung oder der Zielboni (siehe Abb. auf der folgenden Seite).

In Abhängigkeit von der betrieblichen Situation ist jeweils eine Entscheidung zu treffen, für welche Form des Leistungsentgeltes man sich entscheidet und wie diese – den betrieblichen Bedürfnissen angepasst – zu gestalten ist.

Im Folgenden werden die beiden Formen des Leistungsentgelts und deren Gestaltungsaspekte ausführlich beschrieben.

## 1 Leistungszulage/-prämie aufgrund von systematischer Leistungsbewertung

Die Leistungsbewertung ist ein Verfahren zur Ermittlung einer leistungsgerechten Vergütung aufgrund der Beurteilung des Leistungsverhaltens des Mitarbeiters. Die Leistungsbewertung kommt in erster Linie dort zur Anwendung, wo keine sinnvollen Kennzahlen zur Bemessung des Leistungsbeitrags eines Mitarbeiters oder von Mitarbeitergruppen vorliegen.

Innovative Entgeltsysteme, Eckhard Eyer
© Vincentz Network GmbH & Co. KG, Hannover 2010; ISBN 978-3-86630-115-3

**Formen des Leistungsentgelts**

☐ Leistungszulage/-prämie aufgrund
   von systematischer Leistungsbewertung

☐ Leistungsprämie
   aufgrund von Zielvereinbarungen

Abb. 8: Formen des Leistungsentgelts

Die Leistungsbewertung stößt sowohl in der Literatur als auch in der Praxis häufig auf Ablehnung. Ihre Gegner weisen auf den häufig angeführten »Nasenfaktor« und damit das Problem der Subjektivität von Beurteilungen hin. Die Befürworter stellen dagegen den positiven Effekt der ausführlichen Mitarbeitergespräche sowie die Möglichkeit heraus, auch nicht-messbare Kriterien in die Beurteilung einzubeziehen.

Die systematische Leistungsbewertung hat durchaus ihre Berechtigung, um Leistungsunterschiede zwischen Mitarbeitern, die offensichtlich – aber nicht durch Kennzahlen zu erfassen – sind, unterschiedlich zu honorieren und dadurch zum einen Leistungsanreize zu schaffen und zum anderen zu einer gerechten Vergütung beizutragen. So sollten Kritiker sich auch fragen: Wird man Mitarbeitern eher gerecht, wenn man auf Leistungs- und Entgeltdifferenzierung verzichtet?

Voraussetzung für eine erfolgreiche Leistungsbewertung ist, dass sie richtig

- gestaltet,
- angewandt und
- in die betriebliche Personalpolitik eingebunden

ist.

Der erforderliche Aufwand für eine erfolgreiche Nutzung der Leistungsbewertung rechtfertigt sich umso mehr, wenn man bedenkt, dass die Leistungsbewertung nicht nur als Mittel zur Ermittlung der Leistungszulage dient.

Betrachtet man das gesamte Zielspektrum der Leistungsbewertung, so lässt sich damit viel mehr erreichen.

Abb. 9: Ziele der Leistungsbewertung

## 1.1 Gestaltung des Leistungsbewertungsverfahrens

In der Praxis wird die Leistungsbewertung zumeist dort angewandt, wo ein Messen der Leistung nicht möglich oder der dafür erforderliche Aufwand unverhältnismäßig hoch ist. Da das Leistungsergebnis nicht zahlenmäßig erfassbar ist, erfolgt die Bemessung der Leistung aufgrund der Beurteilung des Leistungsverhaltens des Mitarbeiters. Ein weiteres Anwendungsfeld für die Leistungsbewertung ergibt sich zudem dort, wo für ein Team ein Leistungsentgelt mittels Leistungsmessung ermittelt wurde, der individuelle Leistungsbeitrag der Teammitglieder jedoch zusätzlich per Leistungsbewertung erfasst wird, um danach das Team-Leistungsentgelt zu verteilen.

Um die Leistungsbeurteilung transparent und für den Mitarbeiter nachvollziehbar zu machen, sollte ihr ein klares analytisches Verfahren zugrunde gelegt werden. Das bedeutet, dass Leistungsmerkmale und Leistungsniveaus so festzulegen und mit Punktwerten zu verknüpfen sind, dass ein Leistungswert systematisch ermittelt werden kann. Auf diese Weise wird der häufig vermuteten Subjektivität bei der Beurteilung entgegengewirkt und zugleich eine höhere Akzeptanz bei den Mitarbeitern erzielt.

### 1.1.1 Leistungsmerkmale

Die Gestaltung eines Leistungsbewertungsverfahrens beginnt daher mit der Auswahl der Leistungsmerkmale.

Oft hört man dazu die Aussage, dass sich die Leistung letztlich immer am Ergebnis, d.h. der Quantität und ggf. noch der Qualität, festmachen sollte. Dann vernachlässigt man jedoch, wie dieses Ergebnis zustande kam. Die Zusammenarbeit mit Kollegen, der Umgang mit Kunden oder Lieferanten sind zum Beispiel wesentliche Bestandteile der Arbeit und damit auch der Leistung, die sich vielleicht nicht immer in dem individuellen mengenmäßigen Ergebnis eines Mitarbeiters niederschlagen, die jedoch den Gesamterfolg des Unternehmen beeinflussen und damit auch bei der Beurteilung der Leistung Berücksichtigung finden sollten.

Das heißt, die Leistungsmerkmale sind so auszuwählen, dass sie zum einen als Beurteilungskriterien dienen, zum anderen aber auch zum Ausdruck bringen, welche Arten von Leistung am jeweiligen Arbeitsplatz zu erbringen sind. Sie veranschaulichen dem Mitarbeiter, auf welche Leistung es bei seiner Tätigkeit ankommt.

Ein wesentliches Kriterium für die Auswahl der Leistungsmerkmale und -ziele gibt z.B. der TVöD in § 18 des Tarifvertrages vor: Sie müssen von dem Mitarbeiter »beeinflussbar« sein.

Das bedeutet, dass die Leistungsmerkmale so zu wählen sind, dass die erwartete Leistung an dem jeweiligen Arbeitsplatz zu erbringen ist. So ist beispielsweise das Merkmal »Umgang mit Kunden« nur dort angebracht, wo auch Kundenkontakt gegeben ist.

Dies führt zu einer weiteren Überlegung bezüglich der Wahl der Leistungsmerkmale: Sollen diese für alle Bereiche eines Unternehmens, einer Organisation oder einer Einrichtung gleich gelten oder werden bereichs- bzw. tätigkeitsbezogen unterschiedliche Leistungsmerkmale gewählt?

Ein für alle Mitarbeiter gleiches Verfahren bietet den Vorteil, dass seine Verbreitung und Schulung im Unternehmen einheitlich erfolgen kann.

Berücksichtigt man aber den bereits erwähnten Aspekt der Beeinflussbarkeit sowie auch die Tatsache, dass in unterschiedlichen Tätigkeiten unterschiedliche Leistungsschwerpunkte gefragt sind, spricht dies für ein bereichs- oder tätigkeits- bzw. funktionsbezogenes Verfahren.

In der Praxis hat sich gezeigt, dass es insbesondere sinnvoll ist, zumindest teilweise zielgruppenspezifisch unterschiedliche Beurteilungskriterien bei der Leistungsbewertung von Mitarbeitern und Führungskräften zu wählen. Wird z. B. bei den Mitarbeitern auf das Teamverhalten Wert gelegt, liegt bei den Führungskräften die Betonung auf dem Führungsverhalten.

Wesentlich für die Auswahl der Leistungsmerkmale ist zunächst, dass sie überschneidungsfrei sind. Das heißt, die Merkmale müssen klar voneinander abgegrenzt und eindeutig beschrieben sein. Würde man beispielsweise als Merkmale Arbeitsqualität und Arbeitssorgfalt wählen, ergäbe sich hier eine Doppelbewertung eines Leistungsaspektes.

Die Zahl der Leistungsmerkmale variiert in den heute praktizierten Verfahren sehr stark. Während es durchaus Verfahren gibt, die mit vier oder fünf Leistungsmerkmalen auskommen, enthalten andere Verfahren 15 oder sogar mehr Leistungsmerkmale. Letztere gehen häufig über die reine Leistungsermittlung hinaus; sie tendieren schon in Richtung einer Persönlichkeitsbeurteilung, die z. B. auch die Einschätzung des Potentials des Mitarbeiters erlaubt.

Bei Verfahren mit zahlreichen Leistungsmerkmalen ist es sinnvoll, Merkmalsgruppen zu bilden, denen weitere (Unter-)Merkmale zur Erläuterung und Konkretisierung zugeordnet werden.

### 1.1.2 Stufung der Leistungsmerkmale

Nach der Festlegung, welche Leistungsmerkmale bei der Beurteilung zu verwenden sind, ist bei der Bewertung einer Leistung zu ermitteln, in welchem Maße jeweils das spezielle Leistungsmerkmal vom Mitarbeiter erfüllt wird. Für jedes Leistungsmerkmal wird quasi eine »Messlatte« aufgestellt, mit deren Hilfe die Leistungshöhe erfasst wird. Diese »Messlatte« wird in Form von Stufen dargestellt, die die jeweiligen Leistungsniveaus beschreiben.

Die Zahl dieser Stufen schwankt in der Praxis zwischen drei und fünf. Mehr als fünf Stufen sind nicht sinnvoll, da die Unterscheidung der Leistungsniveaus im Rahmen einer Beurteilung dann kaum mehr möglich ist und höchstens eine Scheingenauigkeit vorspiegelt.

Die Beschreibung des Leistungsniveaus je Stufe kann sehr unterschiedlich erfolgen. Die Spanne reicht in der Praxis von einer schulnotenähnlichen Bezeichnung bis zu einer merkmalspezifischen Beschreibung der einzelnen Stufen.

So findet man zum Beispiel Stufen, die mit »mangelhaft« bis »sehr gut« bezeichnet sind. Eine solche Kennzeichnung der Stufen ist jedoch wenig empfehlenswert, da die Mitarbeiter eine Beurteilung mit Schulnoten nur schwer akzeptieren.

Sehr häufig werden allgemeine Stufenbeschreibungen verwendet, wie »Die Leistung des Mitarbeiters … erfüllt nicht / nicht immer / in der Regel / übertrifft / übertrifft bei weitem … die Erwartungen«. Eine solche Stufenbeschreibung ist allgemein gültig, d.h. für jedes Leistungsmerkmal gelten die gleichen Stufenbeschreibungen; sie gibt dem Beurteiler jedoch keine konkreten Hinweise zur Einschätzung des Leistungsniveaus und damit auch keine Hilfen. Hier ist es im Rahmen der Schulungen zur Durchführung der Leistungsbeurteilung oder durch dem Verfahren beigefügte Erläuterungen sinnvoll, die allgemeinen Stufenbeschreibungen mit Beispielen zu belegen. Auf diese Weise kann eine gewisse »Eichung« der Beurteiler ermöglicht werden.

Eine weitere Variante der Stufenbeschreibungen, die merkmalspezifische Stufenbeschreibung, erfordert bei der Gestaltung des Verfahrens den weitaus größten Aufwand, bietet aber für die Beurteiler auch klare Hilfen zur einheitlichen Einschätzung der Leistungsniveaus. Ein Beispiel für eine solche merkmalsspezifische Beschreibung der Stufen enthält die folgende Abbildung.

| Leistungs-merkmal | Stufenbeschreibung | |
|---|---|---|
| Kooperations-verhalten | 1 | geringe Bereitschaft, auf Anforderung andere zu unterstützen |
| | 2 | Bereitschaft, auf Aufforderung andere zu unterstützen; ausreichende Weitergabe von notwendigen Informationen; selten Annahme von Kritik |
| | 3 | Bereitschaft, in der Regel andere zu unterstützen; in der Regel Weitergabe von notwendigen und ergänzenden Informationen; in der Regel Annahme von Kritik |
| | 4 | häufiges Erkennen von Unterstützungsbedarf und Hilfeleistung im Team ohne Aufforderung; zuverlässige Weitergabe sachdienlicher Informationen; Annahme und Umsetzung von Kritik |
| | 5 | Jederzeitiges Erkennen von Unterstützungsbedarf und Hilfeleistung im eigenen sowie in anderen Teams; zuverlässige Weitergabe sachdienlicher Informationen innerhalb des Teams, aber auch an andere Informationsempfänger; Annahme von Kritik als Hilfe und Umsetzung |

Abb. 10: Beispiel für eine merkmalspezifische Stufenbeschreibung

Bei der Bewertung einer Leistung prüft der Beurteiler anhand der Stufenbeschreibungen eines Leistungsmerkmals, inwieweit die Leistung des Mitarbeiters einer der Stufen entspricht, und nimmt daraufhin seine Zuordnung vor. Eine so detaillierte Stufenbeschreibung zeigt einerseits dem Mitarbeiter, welches Leistungsniveau jeweils verlangt wird und hilft andererseits dem Beurteiler bei der Begründung seiner Beurteilung. Auf diese Weise wird eine möglichst große Objektivität des Verfahrens erzielt und die Akzeptanz der Ergebnisse erhöht.

### 1.1.3 Gewichtung

Eine Gewichtung der Leistungsmerkmale sollte dann vorgenommen werden, wenn die Erfüllung der einzelnen Leistungsaspekte nicht von gleicher Bedeutung für die Tätigkeit ist, wenn also einzelne Leistungsaspekte in Relation zu den anderen besonders hervorgehoben und letztlich auch honoriert werden sollen. So könnte beispielsweise bei einer Führungskraft dem Leistungsmerkmal »Führungsverhalten« erhöhte Bedeutung beigemessen werden.

Um dies im praktischen Vorgehen umzusetzen, gibt es zwei Möglichkeiten:

- den Stufenniveaus dieser Leistungsmerkmale werden höhere Punktwerte zugeordnet, als dies bei den vergleichbaren Niveaus der anderen Leistungsmerkmale der Fall ist (gebundene Gewichtung); so können die fünf Stufen des einen Merkmals mit der Punktspanne von 1 bis 5, des anderen Merkmals von 2 bis 10 belegt werden, wodurch eine doppelt so hohe Gewichtung beim zweiten Merkmal erzielt würde;
- bei jeweils gleicher Punktzahl der Stufen wird ein Gewichtungsfaktor als Multiplikator eingeführt (freie Gewichtung).

Auch hier bietet sich grundsätzlich die Möglichkeit, für alle Mitarbeiter die gleiche Gewichtung vorzunehmen, oder aber bereichs-, tätigkeits- oder funktionsbezogen zu differenzieren.

| Leistungsmerkmale | Stufen | | | | | Punkte |
|---|---|---|---|---|---|---|
| | 1 | 2 | 3 | 4 | 5 | |
| Arbeitsquantität | o | 3 | 6 | 9 | 12 | |
| Qualitätsverhalten | o | 2 | 4 | 6 | 8 | |
| Initiative & Engagement | o | 1 | 2 | 3 | 4 | |
| Zusammenarbeit | o | 1 | 2 | 3 | 4 | |
| Punktsumme: | | | | | | |

Abb. 11: gebundene Gewichtung

| Leistungsmerkmale | Stufen | | | | | Gewichtung | Punkte |
|---|---|---|---|---|---|---|---|
| | 1 | 2 | 3 | 4 | 5 | | |
| Arbeitsquantität | o | 1 | 2 | 3 | 4 | 3 | |
| Qualitätsverhalten | o | 1 | 2 | 3 | 4 | 2 | |
| Initiative & Engagement | o | 1 | 2 | 3 | 4 | 1 | |
| Zusammenarbeit | o | 1 | 2 | 3 | 4 | 1 | |
| Punktsumme: | | | | | | | |

Abb. 12: freie Gewichtung

## 1.2 Anwendung des Leistungsbewertungsverfahrens

Ist die Gestaltung des Leistungsbewertungsverfahrens abgeschlossen, so ist seine Anwendung zu regeln.

### 1.2.1 Bewerter

Zunächst ist festzulegen, wer die Bewertung der Leistung durchführt. Dies kann nur durch Personen erfolgen, die guten Einblick in die Arbeit des zu bewerteten Mitarbeiters haben. Grundsätzlich bieten sich hier drei Möglichkeiten an:

- Selbstbewertung,
- Fremdbewertung sowie
- Fremd- und Selbstbewertung.

»Jeder kennt sich selbst am besten«, könnte man denken und daher für eine Selbstbewertung des Mitarbeiters plädieren. Diese Möglichkeit ist grundsätzlich gegeben; ihr Ergebnis wirft jedoch häufig Probleme auf. Bei Anwendungen in der Praxis hat sich zwar gezeigt, dass es keineswegs so ist, dass Selbstbewertungen immer zu einem tendenziell besseren Ergebnis für den Mitarbeiter führen. Schwierig kann es jedoch bei der Akzeptanz der Einschätzungen bei Kollegen und Führungskräften werden, da häufig eine zu positive Bewertung unterstellt wird.

Bei der Fremdbewertung bewertet in der Regel die direkte Führungskraft die Arbeit des Mitarbeiters. Voraussetzung ist, dass sie einen guten Einblick in die Tätigkeit des Bewerteten hat. Ist dies nicht der Fall, muss ein anderer Bewerter bestimmt werden. In der Praxis kommt es auch vor, dass zwei Bewerter die Leistungsbewertung durchführen, um ihre Einschätzung miteinander abzustimmen und sich gegebenenfalls gegenseitig zu korrigieren. Dies soll dem so genannten »Nasenfaktor«, d. h. der Bevorzugung oder Ablehnung eines Mitarbeiters aufgrund persönlicher Vorlieben oder Abneigungen, entgegenwirken, erfordert jedoch einen deutlich höheren Aufwand.

Bei der Kombination von Fremd- und Selbstbeurteilung führen sowohl der Fremdbewerter, in der Regel die direkte Führungskraft, als auch der Mitarbeiter selbst eine Leistungsbewertung durch.

Dies setzt zum einen zwar einen höheren Schulungsaufwand als die zuvor genannte Variante voraus, da auch die Mitarbeiter ausführlich mit der Anwendung des Leistungsbewertungsverfahrens vertraut gemacht werden müssen, erhöht zum anderen aber den Nutzen des Mitarbeitergesprächs, da beide Seiten kompetent miteinander reden können.

### 1.2.2 Leistungszeiträume

Für die Festlegung, in welcher Häufigkeit die Leistungsbewertung durchgeführt werden sollte, sind insbesondere zwei Aspekte zu berücksichtigen:

- Der erforderliche Aufwand ist hoch; insbesondere die Führung der Mitarbeitergespräche, in denen das Bewertungsergebnis präsentiert und diskutiert wird, erfordert viel Zeit und Vorbereitung. Hier ist auch die Zahl der Mitarbeiter zu bedenken, die von einem Bewerter bewertet werden müssen.

- Bei der Leistungsbewertung handelt es sich um ein Instrument der variablen Vergütung, das der Motivation der Mitarbeiter dienen soll. Daher ist eine zeitnahe Kopplung von Leistung und Leistungsentgelt anzustreben. Eine deutliche Verschlechterung oder auch Verbesserung der Leistung sollte sich spürbar in der Vergütung widerspiegeln. Zu lange Zeiträume zwischen der Leistungserbringung und der Auswirkung auf die Vergütung reduzieren den Motivationseffekt.

### 1.2.3 Mitarbeitergespräch

Das Mitarbeitergespräch ist ein wesentlicher Bestandteil der Leistungsbewertung im Rahmen der Personalführung und -entwicklung. Es dient dazu im Gespräch zwischen Bewerter und Bewerteten Stärken und Schwächen des Bewerteten aufzuzeigen, Ursachen für Minderleistung zu ergründen und Maßnahmen zur Beseitigung von Schwächen und zur Förderung der Stärken abzustimmen und einzuleiten.

Es sollte in ruhiger und ungestörter Atmosphäre mit angemessener Vorankündigung stattfinden, so dass sich beide Gesprächspartner darauf vorbereiten können.

Anhand des betrieblichen Bewertungsbogens sollten die Beurteilungsergebnisse besprochen und begründet werden. Hierbei ist sachliche und konstruktive Kritik erwünscht, die sich auf die Arbeit des Bewerteten und seine dabei erbrachte Leistung bezieht.

Zum Abschluss des Gespräches unterzeichnen beide Gesprächspartner zum Zeichen ihres Einverständnisses den Bewertungsbogen, der zur Dokumentation des Ergebnisses an die Personalabteilung weitergeleitet wird.

| Leistungsmerkmale | Stufen | | | | | Punkte |
|---|---|---|---|---|---|---|
| | 1 | 2 | 3 | 4 | 5 | |
| Arbeitsquantität | 0 | 3 | 6 | 9 | 12 | 9 |
| Qualitätsverhalten | 0 | 2 | 4 | 6 | 8 | 8 |
| Initiative & Engagement | 0 | 1 | 2 | 3 | 4 | 1 |
| Zusammenarbeit | 0 | 1 | 2 | 3 | 4 | 2 |
| | | | | | Punktsumme: | 20 |
| Führungskraft/Bewerter: Marie Klaassen | | | Mitarbeiter/Bewerteter: Werner Backe | | | |

Abb. 13: ausgefüllter Bewertungsbogen

### 1.2.4 Reklamationsmöglichkeiten

Ist ein Mitarbeiter mit seiner Bewertung nicht einverstanden, hat er ein Widerspruchs-recht. Das entsprechende Vorgehen ist in einer Betriebsvereinbarung festzulegen. In der Regel wird in einem weiteren Mitarbeitergespräch ein zusätzlicher Bewerter – häufig die nächst höhere Führungskraft -, die ausreichend Einsicht in die Arbeit des Mitarbeiters haben muss, hinzugezogen. Auf Seiten des Mitarbeiters kann auch ein Mitglied des Betriebsrats hinzugezogen werden.

## 1.3 Berechnung der Leistungszulage/-prämie

Ist die Leistung eines Mitarbeiters mithilfe der Leistungsbewertung erfasst worden, indem man die Summe der je Leistungsmerkmal erzielten Punkte zu einem Leis-tungswert addiert und dieses Ergebnis mit dem Mitarbeiter besprochen hat, ist aus-gehend von dem Leistungswert das entsprechende Leistungsentgelt zu berechnen.

### 1.3.1 Leistungszulage oder Leistungsprämie?

Zunächst ist festzulegen, ob es sich um eine Leistungszulage, d.h. um eine monatli-che Leistungsvergütung in Ergänzung zum Grundentgelt, handeln soll oder um eine Leistungsprämie, die einmal jährlich ausgezahlt wird. Bei der Entscheidung für eine dieser beiden Möglichkeiten spielt zunächst das zur Verfügung stehende Volumen für die Leistungsvergütung eine wesentliche Rolle. Insbesondere wenn es sich nur um einen geringen Umfang handelt, sollte die Auszahlung per Einmalzahlung, also in Form einer Prämie, erfolgen, da nur so eine spürbare finanzielle Auswirkung beim Mitarbeiter ankommt. Auch kommt bei dieser Form die Leistungsabhängigkeit des Geldes stärker zum Ausdruck, was die Motivation der Mitarbeiter fördert. Verteilt man das Leistungsentgelt so, dass sich daraus eine über das Jahr gleichbleibende monat-liche Zulage geringeren Umfangs ergibt, setzt sich schnell der Eindruck fest, dass dies ein üblicher Bestandteil der Gesamtvergütung des Mitarbeiters ist, und die Motivati-onswirkung geht möglicherweise verloren.

### 1.3.2 Verschiedene Vorgehensweisen zur Berechnung

Wesentliche Basis für die Festlegung der Leistungszulage/-prämie ist der aufgrund der systematischen Leistungsbewertung ermittelte Leistungswert, der durch die Addi-tion der je Leistungsmerkmal bzw. Untermerkmal vergebenen Punkte errechnet wird.

#### €-Betrag je Leistungswert

Grundsätzlich ist es möglich – wie bei der Verknüpfung von Arbeitswert und Grun-dentgelt – einen €-Betrag je Leistungspunkt festzulegen, so dass zur Ermittlung des Leistungsentgelts lediglich Leistungswert und €-Betrag je Leistungswert miteinander zu multiplizieren sind. Die Berücksichtigung der zeitbedingten unterschiedlichen Leistungsbeiträge von Voll- und Teilzeitbeschäftigten kann ergänzend durch Multiplikation mit der individuellen Wochenarbeitszeit und Division durch die regelmäßige Wochenarbeitszeit ermittelt werden.

Bildung von Leistungswertspannen

Eine häufig in der Praxis angewandte Vorgehensweise ist die Bildung von Leistungswertspannen und deren Verknüpfung mit Prozentsätzen, mithilfe derer das individuelle Leistungsentgelt in Abhängigkeit von Grundentgelt und erreichtem Leistungswert errechnet wird. Die folgende Abbildung zeigt beispielhaft eine Bildung von gleichmäßigen Punktspannen verbunden mit der Zuordnung entsprechender Prozentwerte, die sich auf das jeweilige Grundentgelt des Mitarbeiters beziehen.

| Leistungswertspannen | 0 – 8 | 9 – 13 | 14 – 18 | 19 – 23 | >23 |
|---|---|---|---|---|---|
| Prozentwerte | 0 % | 2,5 % | 5 % | 7,5 % | 10 % |

Abb. 14: Leistungswertspannen und Prozentwerte – Beispiel

Diese Vorgehensweise beinhaltet mehrere wichtige Aspekte:

- Durch den Bezug zum individuellen Grundentgelt des Mitarbeiters ist gewährleistet, dass die Leistungen von Teilzeitbeschäftigten in Relation der von ihnen geleisteten Arbeitszeit vergütet werden.

- In die Berechnung des Leistungsentgelts geht so aber auch das Anforderungsniveau der Tätigkeit des Mitarbeiters ein. Während bei der zuvor beschriebenen Vorgehensweise »€-Betrag je Leistungswert« dieser für alle Mitarbeiter gleich festgelegt ist und damit Differenzen im Leistungsentgelt zwischen Mitarbeitern nur durch die Höhe des erreichten Leistungswertes bestimmt werden, liegt dieser Vorgehensweise die Annahme zugrunde, dass der Leistungsbeitrag auch in Abhängigkeit des Tätigkeitsniveaus zu vergüten ist. So erreicht beispielsweise eine Pflegehelferin – bei gleichem Leistungswert – im Vergleich zur Pflegedienstleitung, die höher eingruppiert ist und damit ein höheres Grundentgelt erhält, ein geringeres Leistungsentgelt. Es wird also davon ausgegangen, dass in Tätigkeiten mit höheren Anforderungen auch ein höherer Leistungsbeitrag mit Blick auf die Unternehmensziele erbracht wird.

- Mit Erhöhungen des Grundentgeltes sind zugleich auch Erhöhungen des Leistungsentgelts verbunden, was auf Seiten des Unternehmens zu zusätzlichen Kostensteigerungen führt.

- Durch die Zuordnung der Prozentsätze ist eine gewisse Begrenzung des Leistungsentgelts gegeben. Mehr als den angegebenen Höchstprozentsatz erhält kein Mitarbeiter, auch wenn sein Leistungswert sehr hoch ist. Durch die Gestaltung der Leistungswertspannen und der jeweiligen Prozentsätze bieten sich hier also

»Stellschrauben« an, um ein unerwünschtes »Ausufern« der Leistungsvergütung zu verhindern.

Leistungsentgelt-»Topf« und Verteilung des Leistungsentgelts

Eine weitere Vorgehensweise zur Berechnung von Leistungszulage oder -prämie ist dann notwendig, wenn das Leistungsentgeltvolumen aufgrund tariflicher Vorgaben oder unternehmerischer Entscheidung begrenzt wird, also ein sogenannter »Topf« für das Leistungsentgelt gebildet wird, der durch die Zahlungen nicht überschritten werden darf.

Dann sind die Berechnungen des individuellen Leistungsentgelts so durchzuführen, dass die leistungsgerechten Relationen zum Tragen kommen, der Rahmen aber dennoch eingehalten wird. Auch hier ist es möglich, mit dem individuellen Grundentgelt die individuelle Arbeitszeit und das Anforderungsniveau der Tätigkeit einzubeziehen.

Für alle Berechnungsarten gilt: Die Umrechnung von Leistungszulage in Leistungsprämie erfolgt, indem man die errechnete Leistungszulage mit der Anzahl der zu zahlenden Monatsentgelte multipliziert.

## 2 Leistungsprämie aufgrund von Zielvereinbarungen

Alternativ zur systematischen Leistungsbewertung besteht die Möglichkeit Ziele mit Mitarbeitern oder Mitarbeitergruppen zu vereinbaren, das Leistungsergebnis zu messen und mit dem vereinbarten Ziel zu vergleichen. Der so erfasste Zielerreichungsgrad ist dann die Grundlage für die Bemessung der Höhe des Leistungsentgelts.

### 2.1 Vorgehen zur Zielvereinbarung

Für die Ermittlung des Leistungsentgelts werden in der Regel zu Beginn eines festgelegten Zeitraumes, der zumeist ein halbes oder ein ganzes Jahr umfasst, mit dem Mitarbeiter Ziele vereinbart, die nach Ablauf dieses Zeitraumes zu erreichen sind.

Zielvereinbarungen erlauben einerseits den Mitarbeitern größere Handlungs- und Entscheidungsspielräume innerhalb ihres Aufgabengebietes bei der Arbeitsausführung, sie richten andererseits die Arbeiten in allen Bereichen einer Organisation oder Einrichtung auf ein oder mehrere Ziele aus und dienen somit als wichtiges Steuerungsinstrument im Unternehmen.

#### 2.1.1 Auswahl und Formulierung von Zielen

2.1.1.1 Ableitung und Abstimmung der Ziele

Will man ein Zielvereinbarungssystem einführen, ist es wichtig darauf zu achten, dass die Ziele innerhalb der Organisation oder Einrichtung sorgfältig aufeinander abgestimmt sind.

Innovative Entgeltsysteme, Eckhard Eyer
© Vincentz Network GmbH & Co. KG, Hannover 2010; ISBN 978-3-86630-115-3

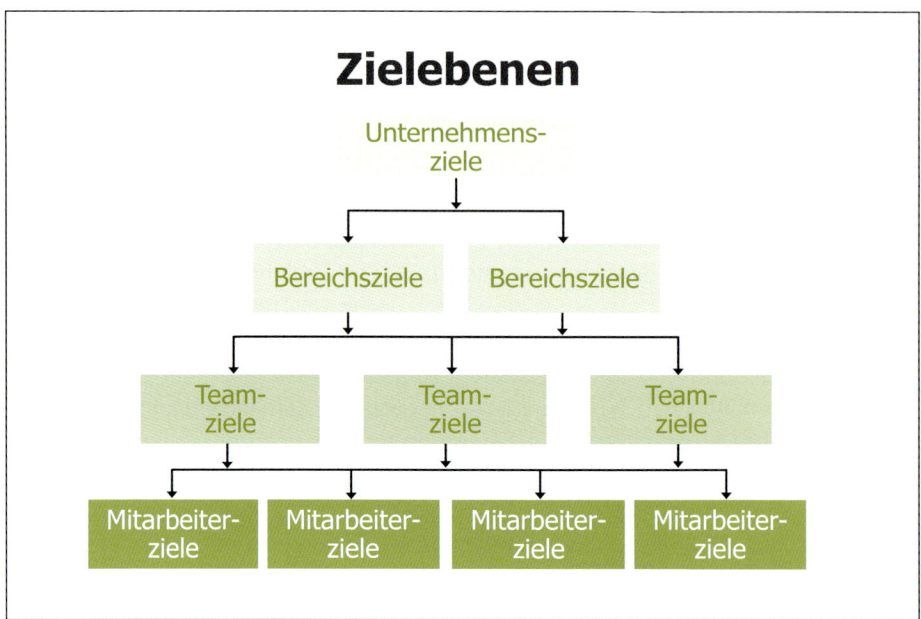

**Zielebenen**

Abb. 15: Zielhierarchie

Ausgehend von den Leitzielen der Organisation werden zunächst sukzessive für die jeweils untergeordneten Ebenen der Aufbauorganisation Ziele abgeleitet (Abb. 15). Dem Mitarbeiter wird so vermittelt, dass er mit seiner Leistung einen wichtigen Beitrag zum Erreichen der Gesamtziele der Einrichtung beiträgt. Dies fördert das Verständnis für die eigenen Arbeitsaufgaben, erhöht die Motivation des Mitarbeiters und seine Identifikation mit dem Unternehmen.

Nachdem die Ableitung der Ziele vertikal, d.h. von den Unternehmens- oder Einrichtungszielen, bis hin zum einzelnen Mitarbeiter erfolgt ist, müssen im nächsten Schritt die Ziele horizontal abgeglichen werden. Hierbei ist insbesondere darauf zu achten, dass zum einen keine unerwünschten Überschneidungen, sondern vielmehr sinnvolle Ergänzungen zwischen den Zielkatalogen von Mitarbeitern oder Mitarbeitergruppen vorliegen und zum anderen die Ziele nicht in einer unangemessenen Konkurrenz zueinander stehen.

### 2.1.1.2 Anzahl der Ziele

Die Anzahl der Ziele sollte zwischen zwei und fünf liegen. Ziele setzen bedeutet, Tätigkeitsschwerpunkte für den Zielvereinbarungszeitraum aufzuzeigen. Mehr als fünf Ziele sind daher praxisfern, weil dies eher zu einer Aufzählung von Arbeitsaufgaben führt als zu einer Setzung von Prioritäten für die Durchführung von Aufgaben. Setzt man nur ein Ziel, so müsste sich der Mitarbeiter allein auf eine Aufgabe konzentrieren, was aber in der Praxis nur selten vorkommt. Die Anzahl der Ziele richtet sich insbesondere

Abb. 16: Zielarten

nach dem Inhalt der Ziele. Sind einzelne Ziele sehr umfangreich und erfordern einen hohen Arbeitsaufwand, muss die Anzahl der Ziele entsprechend reduziert werden.

### 2.1.1.3 Zielarten

Grundsätzlich können für die Zielvereinbarung sowohl quantitative als auch qualitative Ziele gewählt werden. Quantitative Ziele (häufig auch »harte« Ziele genannt) beschreiben ein messbares Arbeitsergebnis, während qualitative Ziele (häufig auch »weiche« Ziele genannt)  sich vorrangig auf angestrebte Verhaltensänderungen beziehen, die sich einer Messbarkeit entziehen. Beispiele für diese beiden Zielarten zeigt Abb. 16.

### 2.1.1.4 Anforderungen an die Formulierung von Zielen

Von entscheidender Bedeutung für den dauerhaften Erfolg einer Zielvereinbarungssystematik sind die richtige Auswahl und die richtige Formulierung der Ziele. Es gibt eine ganze Reihe von Hilfsmitteln, mit denen man überprüfen kann, ob ein Ziel den Anforderungen an Zielauswahl und Zielformulierung genügt.

Eines dieser Hilfsmittel, das im Folgenden näher erläutert werden soll, ist das so genannte SMART-Prinzip. Bei SMART handelt es sich um ein Akronym (= ein aus den Anfangsbuchstaben mehrerer Wörter gebildetes Wort), hinter dem sich fünf Anforderungen an Ziele bzw. an die Zielformulierung verbergen:

SMART = Spezifisch
Messbar
Anspruchsvoll
Realistisch (also erreichbar)
Terminiert

✦ Spezifisch:

Ein Ziel ist spezifisch, wenn die folgende Bedingung erfüllt ist: Es ist klar formuliert, was erreicht werden soll.

✦ Messbar:

Ein Ziel ist dann messbar, wenn Kriterien vorhanden sind, anhand derer die Zielerreichung genau festgestellt werden kann; und wenn diese Kriterien in der Zielvereinbarung genau definiert sind.

✦ Anspruchsvoll:

Ein Ziel ist dann anspruchsvoll, wenn die Erreichung des Ziels eine besondere Anstrengung des Mitarbeiters erfordert, das Ziel für den Mitarbeiter also eine Herausforderung ist; diese Anstrengung aber zumutbar und innerhalb der normalen Arbeitszeit zu leisten ist.

Ziele, die keine Herausforderung darstellen, gehören nicht in eine Zielvereinbarung; umgekehrt gehören Ziele, die eine Überforderung des Mitarbeiters darstellen, auch nicht in eine Zielvereinbarung.

✦ Realistisch:

Ein Ziel ist dann realistisch, wenn der Mitarbeiter die Möglichkeit und den erforderlichen Handlungsspielraum hat, das Ziel weitgehend aus eigener Kraft zu erreichen. Das Wort weitgehend ist in diesem Zusammenhang von besonderer Bedeutung. Es gibt nämlich kein Ziel, das ein Mitarbeiter ausschließlich aus eigener Kraft erreichen kann.

✦ Terminiert:

Ein Ziel ist dann terminiert, also zeitlich eingegrenzt, wenn der Zeitpunkt, zu dem das Ziel erreicht sein muss, genau definiert und dokumentiert ist, gegebenenfalls auch die Zeitpunkte, an denen Zwischenschritte auf dem Weg zur Erreichung des Ziels (so genannte Meilensteine) erreicht sein müssen, genau definiert und dokumentiert sind.

| S | M | A | R | T |
|---|---|---|---|---|
| spezifisch | messbar | anspruchsvoll | realistisch | terminiert |
| Erhöhung der Zufriedenheit der Angehörigen der Bewohner durch schnellere Reaktionszeit | ... auf schriftliche Anfragen eine Verkürzung von 5 auf 3 Tage ... | ... für sämtliche Anfragen ... | ... mit maximal 7 Ausnahmen im Jahr ... | ... bis zum 31.12.2010 |
| **Ziel** <br> Erhöhung der Zufriedenheit der Angehörigen der Bewohner durch schnellere Reaktionszeit auf schriftliche Anfragen und eine Verkürzung von 5 auf 3 Tage für sämtliche Anfragen mit maximal 7 Ausnahmen bis zum 31.12.2010 | | | | |

Abb. 17: Beispiel für die Formulierung eines smarten Ziels

### 2.1.2 Messen und Verfolgen von Zielen

#### 2.1.2.1 Operationalisierung und Stufung der Zielerreichung

Zur Operationalisierung von quantitativen Zielen sollten Kennzahlen vorliegen, deren konkrete Höhe bezogen auf den Zielvereinbarungszeitraum und die gegebenen Rahmenbedingungen zu vereinbaren ist. Diese Kennzahlen können absolut definiert sein, z. B. die Station ist mit 10 Krankenschwestern zu besetzen oder relativ, z. B. die Personalbemessung ist so zu steuern, dass im Jahresdurchschnitt ein Verhältnis von durchschnittlich 6 Altenheimbewohnern auf eine Vollarbeitskraft erreicht wird. Ziele mit relativen Kennzahlen bewähren sich in der Praxis besser, sie geben den Mitarbeitern und Teams Orientierung und bieten ihnen – im Kontext eines innovativen Personalmanagements – die Möglichkeit durch Selbststeuerung des Personaleinsatzes (in gewissen Bandbreiten) die Ziele zu erreichen.

Bei den qualitativen Zielen sind klar und eindeutig Kriterien zu formulieren, anhand derer nachzuvollziehen ist, inwieweit das jeweilige Ziel erreicht ist. Optimal ist es, wenn außerdem auch noch angegeben wird, unter welchen Bedingungen das Ziel als teilweise erreicht, als übererfüllt, als völlig verfehlt oder als weit übererfüllt gilt (siehe Abb. 18).

| Individualziel | Erarbeiten und Vorstellen eines ausgearbeiteten Konzeptes zur Einführung eines Qualitätsmanagementsystems bis 31.12.2010 | |
| --- | --- | --- |
| Zielerreichungsgrad | 125 % | Die Maßnahmen zur Kommunikation und Implementierung des Konzeptes sind erfolgreich umgesetzt. |
| | 110 % | Das Konzept wird umgesetzt, Maßnahmen zur Kommunikation und Implementierung sind eingeleitet. |
| | 100 % | Das ausgearbeitete Konzept wurde den Entscheidungsträgern vorgestellt. |
| | 90 % | Das Konzept ist im Detail ausgearbeitet. |
| | 75 % | Die Eckpunkte der Konzeptes sind erarbeitet. |
| Ergebnis | | |
| Gewichtung | 20 % | |
| Bemerkungen | | |

Abb. 18: Beispiel für die Operationalisierung eines qualitativen Ziels

Um das erreichte Zielniveau zu bewerten, ist es notwendig einen Maßstab zu entwickeln. Der Maßstab kann linear oder auch gestuft sein. Nachfolgend wird auf einen Zielmaßstab eingegangen, der gestuft ist. Die Anzahl der Zielerreichungsgrade ist zu definieren, dabei ist auch festzulegen, ob Ziele im maximalen Fall erreicht oder auch übertroffen werden können. I. d. R. geht man davon aus, dass die anspruchsvollen Ziele auch übertroffen werden können und operationalisiert die Zielerreichungsgrade entsprechend. Da nicht selten in Unternehmen Leistungsbewertungen und Zielvereinbarungen angewandt werden, sei es parallel, je nach Mitarbeitergruppe oder auch kombiniert (z. B. vier Leistungsbewertungsmerkmale und zwei Ziele), ist es sinnvoll, die Anzahl der Stufen aufeinander abzustimmen (Abb. 19). Grundsätzlich ist zunächst eine Stufe zu definieren, die die Erreichung des Ziels beschreibt, und ergänzend sind dann 2–3 Stufen darüber bzw. darunter festzulegen. Eine symmetrische Verteilung ist die Regel, d. h. die Anzahl der Stufen über dem Zielwert und unter dem Zielwert ist identisch.

| Grad der Ziel-erreichung Stufe | Qualitatives Ziel: Entwickeln und Vorstellen eines Qualitäts-managementkonzeptes | Quantitatives Ziel: Belegung der Einrichtung bei 98,5 % |
|---|---|---|
| 1 | Die Eckpunkte der Konzeptes sind erarbeitet | <97 % |
| 2 | Das Konzept ist im Detail ausgearbeitet | 97,0 % – <98,5 % |
| 3 | Das ausgearbeitete Konzept wurde den Entscheidungsträgern vorgestellt. | 98,5 % – <98,8 % |
| 4 | Das Konzept wird umgesetzt, Maßnahmen zur Kommunikation und Implementierung sind eingeleitet | 98,8 % – 99,5 % |
| 5 | Die Maßnahmen zur Kommunikation und Implementierung des Konzeptes sind erfolgreich umgesetzt | >99,5 % |

Abb. 19: Stufung der Zielerreichung bei quantitativem und qualitativem Ziel

### 2.1.2.2 Gewichtung der Ziele

Werden im Rahmen eines Zielvereinbarungsprozesses drei bis fünf Ziele festgelegt, stellt sich die Frage, ob diese gleich gewichtet werden oder ob sie von unterschiedlicher Bedeutung sind. In der Regel ist Letzteres der Fall, so dass es einer unterschiedlichen Gewichtung bedarf. Wie bei der Leistungsbewertung in Abb. 11 und 12 kann auch bei der Zielvereinbarung mit gebundener oder freier Gewichtung, ausgedrückt durch den Gewichtungsfaktor, gearbeitet werden. Bei der Gewichtung ist darauf zu achten, dass alle Mitarbeiter bei 100 % Zielerreichung und bei maximaler Zielerreichung den gleichen Punktwert erreichen können.

### 2.2 Vorgehen zur Ermittlung der Zielerreichung

Am Ende des Jahres werden die gesetzten Ziele mit der erbrachten Leistung verglichen und der Grad der Zielerreichung festgestellt bzw. bewertet. Aufgrund des ermittelten Zielerreichungsgrades, der Punktwerte der Stufe und der Gewichtung der Ziele und damit der Punktwerte ergibt sich die Punktsumme je Mitarbeiter. An dem nachfolgenden Beispiel wird der Prozess von der Zieldefinition bis zum Vergleich des Ziels mit dem erreichten Leistungsniveau deutlich gemacht.

*Beispiel eines Wohnhausleiters*

Vereinbarung der Ziele

Das erste Ziel ist die Auslastung der Einrichtung von 98,5 %, sie ist ein anspruchsvolles, aber realistisches Ziel. Die Personalkosten sind bei der stationären Alteneinrichtung der größte Kostenblock; sie sind so zu steuern, dass sie je Vollarbeitskraft (VAK) im Durchschnitt um 1.000 € gegenüber dem Vorjahr zu reduzieren sind. Ein wesentlicher Schritt hierzu ist die Senkung der Krankenstände und der damit verbundenen Überstunden bzw. Kosten für Aushilfen. Die Sachkosten sind – entsprechend der Verhandlungsergebnisse mit dem Kostenträger – um drei Prozentpunkte zu reduzieren. Die Arbeit mit den Angehörigen, Hinweise in Versammlungen mit den Angehörigen und das Ergebnis einer Befragung der Kunden führten zu dem Projekt »Verbesserung der Dienstleistungsqualität durch verlängerte Ansprechzeiten«, das bis zum Ende des ersten Quartals umgesetzt werden soll.

| **Zielvereinbarungsbogen für 2009** | | | | | | | | |
|---|---|---|---|---|---|---|---|---|
| **Name: Herr Landes, Wohnhausleiter** | | | | | | | **Datum: 10.12.2008** | |
| **Ziele** | **Kennzahlen/ Leistungsniveau** | **Leistungsstufen** | | | | | **Gew.- Faktor** | **Punkt- wert** |
| | | **1** | **2** | **3** | **4** | **5** | | |
| Belegung des Hauses im Jahresdurchschnitt mit vereinbarter Bewohnerstruktur | Soll: 98,5 %<br>Ist: | 0 | 1 | 2 | 3 | 4 | 5 | |
| Personalkosten je Vollarbeitskraft (VAK) senken | Soll: 1.000 € je VAK in 2009<br>Ist: | 0 | 1 | 2 | 3 | 4 | 2 | |
| Sachkostenbudget an Verhandlungsergebnis anpassen | Soll: 3 %-Punkte Kostenreduktion<br>Ist: | 0 | 1 | 2 | 3 | 4 | 2 | |
| Dienstleistungsqualität durch Ansprechbarkeit an der Rezeption verbessern | Soll: 14 Stunden täglich<br>Ist: | 0 | 1 | 2 | 3 | 4 | 1 | |
| Gesamtpunktwert | | | | | | | | |
| Unterschrift der Führungskraft | | | | | | Unterschrift des Mitarbeiters | | |

Abb. 20: Beispiel der Zielvereinbarung eines Wohnhausleiters mit seinem Aufsichtsrat

Bewertung der Zielerreichung

Im vorliegenden Fall wurde die Belegung des Hauses überschritten. Berücksichtigt man, dass bei dem anspruchsvollen Ziel von 98,5 % und der nicht vorhersehbaren hohen Fluktuation im laufenden Jahr dieses Ergebnis erreicht wurde, wurde das Ziel weit übertroffen.

Die Personalkosten je Vollarbeitskraft konnten nicht in dem beabsichtigten Umfang erreicht werden. Das Ziel wurde nur zum Teil erreicht.

Die Sachkosten konnten aufgrund eines Lieferantenwechsels und des sparsameren Umgangs mit den Verbrauchsstoffen über das angestrebte Ziel hinaus gesenkt werden.

Das Projekt Dienstleistungsqualität wurde qualitativ und zeitlich wie vorgesehen umgesetzt.

## Zielbewertungsbogen für 2009

| Name: Herr Landes, Wohnhausleiter | | | | | | | Datum: 10.01.2010 | |
|---|---|---|---|---|---|---|---|---|
| Ziele | Kennzahlen/ Leistungsniveau | Leistungsstufen | | | | | Gew.-Faktor | Punkt-wert |
| | | 1 | 2 | 3 | 4 | 5 | | |
| Belegung des Hauses im Jahresdurchschnitt mit vereinbarter Bewohnerstruktur | Soll: 98,5 %  Ist: 99,2 % | o | 1 | 2 | 3 | 4 | 5 | 20 |
| Personalkosten je Vollarbeitskraft (VAK) senken | Soll: 1.000 € je VAK in 2009  Ist: 850 € | o | 1 | 2 | 3 | 4 | 2 | 2 |
| Sachkostenbudget an Verhandlungsergebnis anpassen | Soll: 3 %-Punkte Kostenreduktion  Ist: 3,4 % | o | 1 | 2 | 3 | 4 | 2 | 8 |
| Dienstleistungsqualität durch Ansprechbarkeit an der Rezeption verbessern | Soll: 14 Stunden täglich  Ist: 14 Stunden | o | 1 | 2 | 3 | 4 | 1 | 2 |
| Gesamtpunktwert | | | | | | | | 32 |
| Unterschrift der Führungskraft | | | | | | Unterschrift des Mitarbeiters | | |

Abb. 21: Beispiel der Zielbewertung des Wohnhausleiters mit seinem Aufsichtsrat

Im vorliegenden Beispiel wurden die grau hinterlegten Punkte erreicht. Aufgrund der Gewichtung der vier Ziele ergibt die Summe der gewichteten Punkte den Gesamtpunktwert von 32 Punkten.

### 2.3 Vom Leistungspunkt zur Leistungsprämie

Vom Gesamtpunktwert zur Leistungsprämie sind zwei unterschiedliche Wege denkbar (siehe Kapitel »1.3 Berechnung der Leistungszulage/-prämie«). Bei Zielvereinbarungen wird i. d. R.das Leistungsentgelt als einmalige Leistungsprämie – auch Leistungsbonus genannt – gezahlt. Da das Geschäftsjahr i. d. R. das Kalenderjahr ist und die Ziele sich an der Geschäftsjahresplanung orientieren, erfolgt üblicherweise der Vergleich der Ziele mit dem erreichten Leistungsniveau im Januar des Folgejahres.

In diesen Gesprächen werden i. d. R. auch die Ziele für das laufende Jahr vereinbart. Nach dem Abschluss aller Zielvereinbarungsgespräche wird die Leistungsprämie üblicherweise im Februar oder März des auf den Zielvereinbarungszeitraum folgenden (Kalender-)Jahres ausgezahlt.

## 2.4 Bedeutung der Rahmenbedingungen und Zielrevision

Wir haben im Verlauf dieses Kapitels schon eine ganze Reihe von Gemeinsamkeiten zwischen quantitativen und qualitativen Zielen kennengelernt. Eine weitere Gemeinsamkeit soll uns nun noch kurz beschäftigen: Alle Ziele – quantitative wie qualitative – sind von den Rahmenbedingungen abhängig, unter denen sie vereinbart und erreicht werden.

Bei der Zielvereinbarung liegen bestimmte Rahmenbedingungen sowie bestimmte Erwartungen zur weiteren Entwicklung dieser Rahmenbedingungen vor. Diese Bedingungen sowie die Erwartungen gehen indirekt in die Zielvereinbarung ein. Wenn sich nun die Entwicklung der Rahmenbedingungen in deutlich anderer Weise gestaltet, als bei der Zielvereinbarung unterstellt, kann es schwierig oder unmöglich werden, das Ziel zu erreichen – ohne dass der betreffende Mitarbeiter bzw. die betreffende Führungskraft Schuld daran trüge. Umgekehrt kann durch eine unerwartete Entwicklung der Rahmenbedingungen die Zielerreichung sehr viel leichter werden, als ursprünglich vorgesehen, so dass das Ziel nicht mehr den SMART-Anforderungen genügt – zumindest nicht in dem Sinne, dass es weiterhin anspruchsvoll wäre (siehe Kasten).

> **Beispiele für veränderte Rahmenbedingungen**
> Die Belegung der Einrichtung geht sprunghaft zurück, weil in der Nachbarschaft ein kleines Krankenhaus unterjährig in ein Pflegeheim umgewidmet wurde und dieser Sachverhalt zum Zeitpunkt der Zielvereinbarung nicht berücksichtigt werden konnte.
>
> Ein Personalleiter hat sein Ziel, die Personalkosten um 3 % zu senken, nicht erreicht, weil er – bedingt durch die Zuweisung von pflegebedürftigen Menschen aus einer abgebrannten Einrichtung – den Mitarbeiterbestand um netto 5 % vergrößern musste.
>
> Der Qualitätsmanagementbeauftragte hat sein Projekt zur Zertifizierung des Unternehmens entgegen seiner Zielvereinbarung nicht erfolgreich umgesetzt, weil seine geplanten Projektmitarbeiter von ihren Führungskräften nicht im erforderlichen Umfang für die Projektmitarbeit freigestellt wurden.

Aus der Tatsache, dass mit einer Änderung der Rahmenbedingungen immer gerechnet werden muss, ergibt sich eine ganze Reihe von Folgerungen:

- Ziele sollten nach Möglichkeit so gewählt und vereinbart werden, dass die Rahmenbedingungen voraussichtlich stabil bleiben. Umgekehrt bedeutet dies, dass

Ziele, von denen man schon bei der Zielvereinbarung weiß, dass sich die Rahmenbedingungen vermutlich deutlich ändern werden, möglichst gar nicht vereinbart oder zumindest von vornherein unter einen expliziten Vorbehalt gestellt werden sollten.

- Ziele werden nicht als absolute Ziele, z. B. Personalkosten um 25.000 € senken, beschrieben, sondern als relative Kennzahl wie z. B. »Der Anteil der Personalkosten am Umsatz soll von 73 % auf 71 % gesenkt werden«.

- Da die Zielvereinbarungsperiode in der Regel ein Jahr beträgt, also einen relativ langen Zeitraum umfasst, sollte mindestens einmal – i. d. R. zweimal – innerhalb dieses Jahres ein innerjähriges Zwischengespräch stattfinden, in dem überprüft wird, ob sich die Rahmenbedingungen in relevanter Weise geändert haben und ob infolgedessen eine Anpassung in der Zielvereinbarung vorgenommen werden muss.

Die Tatsache, dass die Rahmenbedingungen und deren Veränderung einen Einfluss auf die Zielerreichung haben, sollte in jedem Zielvereinbarungsgespräch berücksichtigt werden. Der Einfluss, den die Rahmenbedingungen auf die Zielerreichung genommen haben, lässt sich selten exakt quantifizieren. Auch dies ist ein Argument dafür, bei der Festlegung des Zielerreichungsgrades einen gewissen Beurteilungsspielraum offen zu lassen.

Allerdings stellt die Tatsache, dass Rahmenbedingungen üblicherweise nicht vollkommen stabil sind, für viele Mitarbeiter eine willkommene Ausrede dar, wenn sie ihre Ziele nicht erreicht haben: Die Kollegen haben nicht hinreichend unterstützt; die Nachfrage hat sich ganz anders entwickelt, die Konjunktur ist eingebrochen usw. Als Führungskraft sollte man aber sehr zurückhaltend sein, solche Begründungen für die Zielverfehlung zu akzeptieren. Denn: So gut wie niemals entwickeln sich die Rahmenbedingungen genau so, wie man dies bei der Zielvereinbarung unterstellt hat. Ziele sind auch eine Aufforderung an den Mitarbeiter, Kollegen und Vorgesetzte um Unterstützung zu bitten und die Rahmenbedingungen so zu beeinflussen, dass die Zielerreichung möglich wird.

Und vor allem: Die Rahmenbedingungen können sich auch viel positiver entwickeln (und sie tun das auch oft), als man bei der Zielvereinbarung vermutet hat. Dann wird die Zielerreichung leichter als gedacht; und natürlich kommt kein Mitarbeiter auf die Idee, sich deswegen die Zielerreichung nicht zurechnen zu lassen. Also darf im umgekehrten Fall, bei einer Verschlechterung der Rahmenbedingungen, nicht zu großzügig verfahren werden.

Das Festhalten an einmal vereinbarten Zielen hat auch einen wichtigen psychologischen Grund: Wenn jeder weiß, dass Ziele immer dann bereitwillig revidiert werden, wenn sich die Umstände auch nur leicht verändert haben, dann verlieren die Ziele ihre Verbindlichkeit. In solchen Fällen strengen sich die Mitarbeiter nicht mehr an, ihre Ziele zu erreichen, weil sie wissen, dass sie mit hoher Wahrscheinlichkeit eine Zielrevision erreichen können.

Das heißt natürlich nicht, dass man unter allen Umständen an einmal vereinbarten Zielen festhalten sollte. Es gibt Situationen, in denen ein einmal vereinbartes Ziel schlechterdings nicht mehr haltbar ist:

- Wenn sich die Rahmenbedingungen ohne Verschulden des Mitarbeiters so dramatisch verändert haben, dass eine Zielerreichung nicht mehr möglich oder nicht mehr zumutbar ist, muss das Ziel revidiert werden.
- Wenn sich die Prioritäten im Unternehmen oder in der Einrichtung so verschoben haben, dass die Erreichung eines vereinbarten Ziels gar nicht mehr wichtig, vielleicht sogar kontraproduktiv ist, dann ist es sogar im Interesse der Organisation, das Ziel zu revidieren.

Zielrevision kann Folgendes heißen:

- Das Ziel wird verändert, also an die veränderten Umstände so angepasst, dass es wieder sinnvoll, herausfordernd und erreichbar ist.
- Das Ziel wird gestrichen und die Gewichtung der anderen Ziele wird so angepasst, dass die verbleibenden Ziele zusammen wieder eine Gewichtung von 100 % haben.
- Die Zielerreichung des zu revidierenden Ziels wird fiktiv auf 100 % gesetzt; bei den anderen, noch aktuellen Zielen wird keine Veränderung vorgenommen, auch nicht in deren Gewichtung.
- Das Ziel wird durch ein anderes, sinnvolles und smartes Ziel ersetzt.

Welche dieser Möglichkeiten man wählt, hängt jeweils von den konkreten Umständen ab.

# Erfolgsprämie aufgrund des wirtschaftlichen Erfolgs des Unternehmens

Die Erfolgsprämie ergänzt das Grundentgelt (Frage: Welche Tätigkeit wird ausgeführt?) und das Leistungsentgelt (Frage: Wie wird die dem Mitarbeiter übertragene Tätigkeit ausgeführt?) durch die Frage: Wie erfolgreich werden alle den Mitarbeitern übertragenen Tätigkeit im Unternehmen ausgeführt und wie erfolgreich ist damit das Unternehmen bzw. die Einrichtung. In der Regel knüpft man bei der Erfolgsprämie an den wirtschaftlichen Erfolg der Einrichtung oder des Unternehmens an.

## 1 Formen der Erfolgsprämien

Liegt wirtschaftlicher Erfolg eines Unternehmens vor, können die Mitarbeiter daran beteiligt werden, wenn die Betriebsparteien (Management und Betriebsrat bzw. Mitarbeitervertretung) hierüber vorher eine freiwillige Betriebs- bzw. Dienstvereinbarung abschließen. Die Kennzahlen für die Ermittlung des Erfolgs der Einrichtung bzw. des Unternehmens können vielfältig sein. In der Praxis unterscheidet man grundsätzlich zwischen einer

*❞* Beteiligung aufgrund nicht monetärer Erfolgskennzahlen und monetärer Erfolgskennzahlen.

Sie lassen sich jeweils noch differenzieren. Beispiele hierfür sind:

*❞* Nicht monetäre Erfolgskennzahlen sind z. B.,

Belegung der Einrichtung

Verhältnis von Bewohnern unter Berücksichtigung ihrer Pflegestufe zur Anzahl der Vollzeit-Mitarbeiter (Arbeitsproduktivität).

*❞* Monetäre Erfolgskennzahlen

Umsatz,

Verhältnis vom Umsatz zu den Personalkosten (Arbeitsproduktivität),

Wertschöpfungsbeteiligung (Umsatz minus Vorleistungen),

operatives Ergebnis der Einrichtung,

Bilanzgewinn (orientiert sich an dem ausgewiesenen Bilanzgewinn, bzw. der Gewinn- und Verlustrechnung des Unternehmens).

Mitarbeitervertreter schätzen erfahrungsgemäß am meisten die nichtmonetären Erfolgskennzahlen, weil diese Zahlen wenig bzw. nicht gestaltbar sind und zeitnah vorliegen. Die operativen Ergebnisse sind auch relativ zeitnah feststellbar und wenig gestaltbar. Kritisch wird häufig die Gewinnbeteiligung gesehen, weil Gewinne durch

Innovative Entgeltsysteme, Eckhard Eyer
© Vincentz Network GmbH & Co. KG, Hannover 2010; ISBN 978-3-86630-115-3

die Gestaltung von Abschreibungen, Rückstellungen, Kredite an und von verbundenen Unternehmen etc. gestaltet werden können. Bei entsprechender Transparenz und Kontinuität der Abschreibungspolitik wurden auf Basis der Gewinn- und Verlustrechnung in einer Reihe von Unternehmen bereits gewinnabhängige Erfolgsprämien vereinbart.

## 2 Schwellenwert und Anteil der Beteiligung

Die Betriebsparteien müssen vereinbaren, beim Vorliegen welchen Erfolgs wie viel Erfolgsprämie gezahlt wird. D. h. sie müssen einen Schwellenwert definieren, ab dem die Mitarbeiter am Erfolg beteiligt werden und den Anteil, den die Mitarbeiter beim Überschreiten des Schwellenwertes erhalten. Ebenso ist ein maximaler Wert der Erfolgsbeteiligung je Mitarbeiter festzulegen. Bei der Festlegung des maximalen Wertes ist auch darauf zu achten, dass – sofern die Gemeinnützigkeit vorliegt – zu hohe Erfolgsentgelte nicht die Gemeinnützigkeit des Trägers gefährden.

Die Bestimmung des Schwellenwertes erfolgt zum einen dadurch, dass man die Niveaus der Erfolge der vergangenen Jahre einander gegenüberstellt, die erwarteten Entwicklungen antizipiert und den Schwellenwert, den Anteil oberhalb des Schwellenwertes und das maximale Erfolgsentgelt in einer Betriebs- bzw. Dienstvereinbarung festlegt. Dies kann jährlich neu, aber auch für einen längeren Zeitraum erfolgen. Üblicherweise sammeln Management und Betriebsrat über einige Jahre Erfahrungen mit jährlichen Vereinbarungen und lassen diese Erfahrungen in eine längerfristige Vereinbarung einfließen.

## 3 Finanzierung der Erfolgsbeteiligung

Die Erfolgsbeteiligung kann so zusätzlich zu den zwölf monatlichen Entgelten (und ggf. der Jahressonderzahlung) nach dem Win-win-Prinzip gezahlt werden. In diesem Sinne ist sie eine »echte« Erfolgsbeteiligung. In der angespannten Situation der stationären Altenhilfe, in der auch eine Reihe von Tarifverträgen so genannte Härteklauseln vorsehen, bei denen die Jahressonderzahlung ganz oder teilweise variabilisiert werden kann, denken die Unternehmen verstärkt über eine Variabilisierung der Jahressonderzahlung nach, die zum einen zum Variabilisieren der Personalkosten in wirtschaftlich schwierigen Zeiten führt und zum anderen zu echten Erfolgsbeteiligungen, wenn die Situation der Einrichtung und die Refinanzierung »stimmt«.

## 4 Verteilung der Erfolgsbeteiligung

Die Verteilung des von den Mitarbeitern erarbeiteten Erfolgs kann aufgrund verschiedener Kriterien erfolgen. In der Praxis vereinbaren die Betriebsparteien i. d. R. eines der nachfolgend genannten Kriterien:

Innovative Entgeltsysteme, Eckhard Eyer
© Vincentz Network GmbH & Co. KG, Hannover 2010; ISBN 978-3-86630-115-3

- nach Köpfen (und Jahresarbeitszeit),
- aufgrund des individuellen Grundentgelts (und damit auch nach der Arbeitszeit).

Meistens wird das Erfolgsentgelt in von Hundert des individuellen Grundentgeltes (Monatsentgelt) eines Mitarbeiters ausgezahlt.

## 5  Auszahlungszeitpunkt

In der Praxis hat es sich bewährt, dass die Mitarbeiter spätestens 3-4 Monate nach Abschluss des Geschäftsjahres, d. h. i. d. R. im März bzw. April des auf das Geschäftsjahr (hier Prämisse Geschäftsjahr gleich Kalenderjahr) folgenden Jahres ihre Erfolgsprämie erhalten. Einige Unternehmen zahlen bereits im November eine Abschlagszahlung aus und den Rest des erfolgsabhängigen Anteils im Folgejahr.

Innovative Entgeltsysteme, Eckhard Eyer
© Vincentz Network GmbH & Co. KG, Hannover 2010; ISBN 978-3-86630-115-3

# Projektmanagement zur Gestaltung und Einführung eines neuen Entgeltsystems

Der Weg zum neuen Entgeltsystem ist nicht ganz unabhängig von der späteren Rechtsform zu sehen, d. h. ob es als Haustarifvertrag, als betriebliche Einheitsregelung oder mit einem individuellen Arbeitsvertrag eingeführt wird. Nachfolgend wird davon ausgegangen, dass die Mitarbeiter bzw. ihre Vertreter bereits in der Entstehungs- und Gestaltungsphase mitwirken. Unabhängig davon, ob es sich um eine Tarifkommission bei Haustarifvertrag oder einen Betriebsrat handelt, wird nachfolgend – der Einfachheit halber – von Arbeitnehmervertretern gesprochen.

Zur Erarbeitung und Einführung eines Entgeltsystems empfiehlt sich als Vorgehensweise ein systematisches Projektmanagement.

Wesentliches Kennzeichen eines Projektmanagements ist die arbeitsteilige Ausführung von vorgegebenen Aufgaben, die durch ein Steuerungsgremium inhaltlich und zeitlich koordiniert und organisiert werden. Dabei sollte man sich von Anfang an vergegenwärtigen, dass der Prozess drei klassische Phasen durchläuft:

- die qualitative Phase, in der das Entgeltkonzept erarbeitet wird,

- die quantitative Phase, in der in so genannten Schattenrechnungen,

  die Relationen der Wertigkeit der Tätigkeiten zueinander und deren voraussichtliche Akzeptanz durch die Mitarbeiter und

  die Höhe der Eurobeträge (Grund-, Leistungs- und Erfolgsentgelt) und ihre Auswirkungen simuliert werden, sowie

- die rechtliche Phase, in der die Haustarifverträge, betrieblichen Einheitsregelungen bzw. Einzelarbeitsverträge – nicht zuletzt auf Basis der Schattenrechnungen – formuliert und abgeschlossen werden.

## 1 Aufbau der Projektstruktur

Um ein Entgeltsystem, das auf die betrieblichen Bedürfnisse zugeschnitten ist, zu erarbeiten und einzuführen, ist die Beteiligung von Arbeitnehmervertretern und Arbeitgebervertretern sinnvoll. Hierfür sollte ein Steuerungsteam gebildet werden, dessen Mitglieder i. d. R. jeweils zur Hälfte von beiden Betriebsparteien benannt werden. Ihre Aufgabe ist die Mitwirkung bei der Entwicklung des Entgeltsystems und der Gestaltung der Übergangsregelungen beim Umstieg vom alten auf das neue Entgeltsystem.

Die Akteure im Projekt: Steuerungsgruppe und Projektteams

- Die Steuerungsgruppe wird in der Regel aus Mitgliedern der Geschäftsführung, dem für Personal Zuständigen und aus den Leitern der verschiedenen Bereiche in der Einrichtung gebildet. In der Regel sollten hier auch Mitglieder der Mitarbei-

Innovative Entgeltsysteme, Eckhard Eyer
© Vincentz Network GmbH & Co. KG, Hannover 2010; ISBN 978-3-86630-115-3

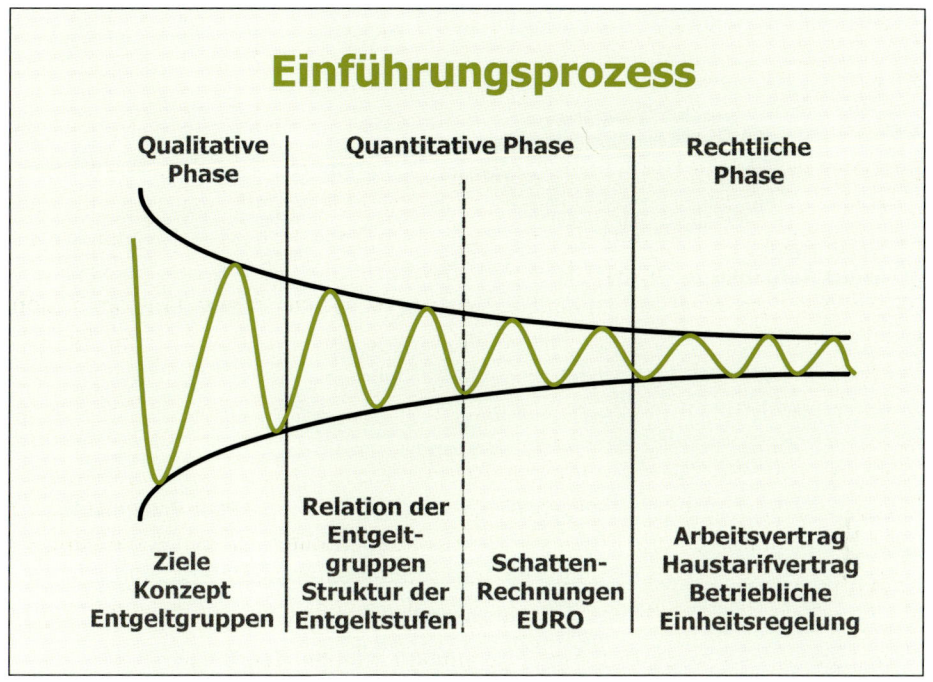

Abb. 22: Phasen der Entgeltgestaltung

tervertretung oder des Betriebsrats eingebunden werden. Falls erforderlich kann die Steuerungsgruppe sich durch weitere interne Fachleute oder externe Berater verstärken. Die Steuerungsgruppe fällt Entscheidungen, setzt konkrete Ziele, plant die Arbeitsaufgaben im Zeitablauf und weist diese Aufgaben den jeweiligen Projektteams zu.

✔ Die Zahl der Projektteams ist abhängig vom Umfang der anstehenden Aufgaben. So kann es zum Beispiel sein, dass in einer Einrichtung von einem Projektteam ein Grundentgeltsystem erarbeitet wird und parallel dazu ein zweites Projektteam am Leistungsentgeltsystem und ein drittes Projektteam am Erfolgsentgelt arbeitet.

Die einzelnen Projektteams werden jeweils von einem Projektleiter geführt. Dieser koordiniert die Arbeiten innerhalb seines Teams, kommuniziert mit den Projektleitern paralleler Projektteams und berichtet über den Stand der Arbeiten und die Arbeitsergebnisse in der Steuerungsgruppe. Zur Mitarbeit in den Projektteams werden zum einen Mitarbeiter der Personalabteilung, die mit Vergütungsfragen betraut sind, herangezogen sowie Mitarbeiter und Führungskräfte verschiedener Bereiche. Die frühzeitige Einbeziehung der Arbeitnehmervertreter schafft Vertrauen und führt in einen gemeinsamen Gestaltungsprozess, der – wie die Praxis zeigt – für alle Beteiligten

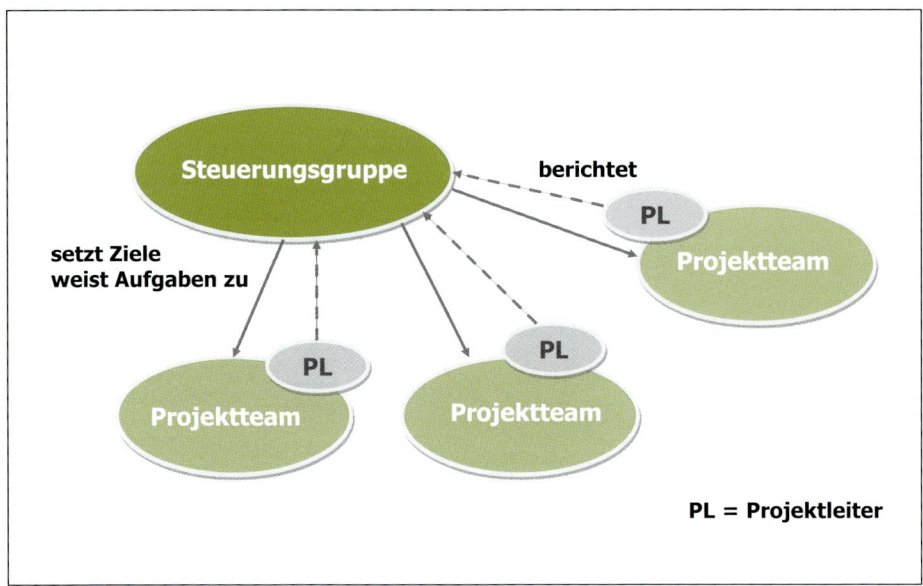

Abb. 23: Aufbau der Projektstruktur

auch ein wertvoller Qualifizierungsprozess ist. Das gemeinsam erarbeitete Entgeltsystem kann bei der Umsetzung den Mitarbeiterinnen und Mitarbeitern fundiert begründet und gut vermittelt werden.

## 2 Vorgehen im Projekt

### 2.1 Projektplanung

#### 2.1.1 Aufgabenplanung

Sobald in der Steuerungsgruppe die Ziele für das Entgeltsystem beschrieben und aufgrund einer Grobplanung die Strukturen für das Projekt aufgebaut worden sind, erfolgt die detaillierte Planung der Projektschritte im Zeitablauf.

Beispielhaft wird nachfolgend auf die Gestaltung des Grundentgeltsystems eingegangen.

Dafür sind im Wesentlichen folgende Schritte festzulegen:

- Entscheidung für die Form des Arbeitsbewertungssystems (analytisch oder summarisch),
- Festlegung des Geltungsbereichs,
- Auswahl der Projektteammitglieder,

Innovative Entgeltsysteme, Eckhard Eyer
© Vincentz Network GmbH & Co. KG, Hannover 2010; ISBN 978-3-86630-115-3

- Erarbeitung des Arbeitsbewertungssystems,
- Bewertung von Tätigkeiten (die i. d. R. in Tätigkeitsbeschreibungen dokumentiert sind),
- Zuordnung der Tätigkeiten zu Entgeltgruppen,
- Festlegen von Entgelten in einer Entgelttabelle und optimieren der Entgelttabelle unter der Berücksichtigung der Auswirkungen für Mitarbeiter und Einrichtung (Schattenrechnung),
- Simulieren von Übergangsregelungen beim Umstieg auf das neue Entgeltsystem (Schattenrechnung),
- Formulieren des neuen Entgeltsystems in einem Haustarifvertrag oder einer betrieblichen Einheitsregelung,
- Information der Führungskräfte und Mitarbeiter (mündlich/schriftlich),
- Abschätzung des Gesamtaufwandes und Bereitstellung ggf. zusätzlicher Ressourcen; Entscheidung über die Unterstützung durch einen Berater.

### 2.1.2 Zeitplanung

Zu den einzelnen Aufgabenpaketen sind in einem weiteren Schritt Meilensteine festzulegen, also Zeitpunkte, zu denen bestimmte Aufgaben abgeschlossen sein sollten. Hierbei sind die zur Verfügung stehenden Ressourcen zu prüfen, da nur auf dieser Basis eine realistische Zeiteinschätzung möglich isl.

Zu den vorgegebenen Terminen sollte eine Rückmeldung der Projektteams an die Steuerungsgruppe erfolgen. Dies ist insbesondere bei komplexen Projekten hilfreich, um parallele Teilziele für die Mitwirkenden setzen und den Projektablauf steuern zu können. Bei Verzögerungen innerhalb einzelner Projektarbeiten, die den gesamten Projektablauf gefährden könnten, kann die Steuerungsgruppe auf diese Weise unterstützend eingreifen.

### 2.1.3 Zuordnung der Arbeitsaufgaben an die Projektteams

Nach Festlegung von Aufgaben- und Zeitplanung sind die Aufgabenpakete den Projektteams zuzuordnen, so dass diese mit der Arbeit beginnen können.

## 2.2 Projektdurchführung

Die verschiedenen Schritte, die zur Erarbeitung eines Grund- und/oder Leistungsentgeltsystems erforderlich sind, wurden bereits in den entsprechenden Beiträgen zur Gestaltung dieser Systeme beschrieben, so dass hier nicht auf die Aufgaben im Detail eingegangen wird.

Eine ganz wichtige Aufgabe im Rahmen der Einführung eines neuen Entgeltsystems, die bisher noch nicht angesprochen wurde, ist jedoch die Durchführung von Schattenrechnungen. Diese wird daher im Folgenden beispielhaft beschrieben.

## 2.2.1 Schattenrechnungen

Die Durchführung von Schattenrechnungen dient dazu, die Auswirkungen des neuen Entgeltsystems vorab rechnerisch zu simulieren, damit dessen zukünftige Kosten frühzeitig abgeschätzt und ggf. modifiziert werden können.

Insbesondere bei der Einführung eines neuen Grundentgeltsystems sind derartige Berechnungen unbedingt erforderlich, da sie einerseits zum Erarbeiten der neuen Entgelttabelle und andererseits zur Berechnung der Auswirkungen auf den einzelnen Mitarbeiter wie auch auf das gesamte Unternehmen notwendig sind.

Nachdem das Arbeitsbewertungssystem erarbeitet wurde und die Rangreihe der Wertigkeit der Tätigkeiten in sich stimmig ist, beginnen die Schattenrechnungen mit der Entwicklung einer Entgelttabelle. Anschließend werden deren Auswirkungen – bezogen auf den Einführungstag des neuen Entgeltsystems – gerechnet, es wird also eine »Vorher-nachher-Betrachtung« angestellt. Bei diesem Vergleich ist zu beachten

- die Summe der Kosten für die Einrichtung im Vergleich vorher – nachher,
- die Veränderungen auf Mitarbeiterebene (+/-) hinsichtlich der Höhe des Grundentgeltes,
- die Anzahl der von Veränderungen betroffenen Mitarbeiter und deren Ausmaß,
- die Ursachen für die Veränderungen (Fehleingruppierungen in der Vergangenheit, Lebensalter …).

In einem iterativen Prozess kann mit Blick auf die in der Steuerungsgruppe gesetzten Prämissen, die in der Regel aus Sicht des Unternehmens die künftige Finanzierbarkeit des Entgeltsystems und aus Sicht der Mitarbeiter seine Sozialverträglichkeit, d.h. die Absicherung der derzeitigen Einkommen, im Blick haben, optimiert werden.

Nach der auf den Umstellungszeitpunkt bezogenen Stichtagsbetrachtung erfolgt die Betrachtung der Gestaltung des zeitlichen Übergangs vom alten auf das neue Entgeltsystem und die Berechnung eventuell zu gewährender Ausgleichs- bzw. Besitzstandszulagen. Deren Höhe und die Bedingungen, unter denen sie wie lange gezahlt und ggf. mit zukünftigen Entgeltsteigerungen verrechnet werden, sind festzulegen und hinsichtlich der finanziellen Auswirkungen auf Mitarbeiter und Einrichtung zu berechnen. Hierbei ist es sinnvoll, in verschiedenen Szenarien zu rechnen, um später keine Überraschungen zu erleben.

Die Schattenrechnungen haben sich in einer Vielzahl von Projekten bei der Gestaltung betrieblicher Entgeltsysteme als das zentrale Element der Vertrauensbildung zwischen Arbeitgeber- und Arbeitnehmervertretern gezeigt. Das gilt sowohl für Einrichtungen, die mit dem BAT nicht zufrieden waren und ein qualitativ besseres Entgeltsystem erarbeiteten, das auch 2-3 % mehr kosten durfte, als auch für solche Einrichtungen, die aufgrund der Refinanzierung nicht nur ein qualitativ besseres, sondern auch ein mittelfristig preiswerteres Entgeltsystem gestalten wollten, um die

Existenz der Einrichtung zu sichern. Beide Betriebsparteien können nach einem so transparenten Prozess zu dem Ergebnis stehen und dafür werben.

### 2.2.2 Information der Führungskräfte und Mitarbeiter

Im Rahmen des Projektes nimmt der Aspekt der Information der Führungskräfte und Mitarbeiter einen besonderen Stellenwert ein.

Die Veränderung eines Grundentgeltsystems führt zu Ängsten und Unsicherheiten; diese sind durch einen offenen Umgang mit Führungskräften und Mitarbeitern abzubauen.

Das Thema »Leistungsentgelt« ist in der Sozialwirtschaft noch völlig neu, so dass mit großen Vorbehalten zu rechnen ist. Auch hier ist es wichtig, die Mitarbeiter darauf vorzubereiten und sie in Betriebsversammlungen und ergänzend durch schriftliche Informationen ausführlich zu informieren.

Durch die Einbeziehung von Arbeitnehmervertretern in die Gestaltung des Entgeltsystems wird dieses nicht zu einer »Geheimwissenschaft«, die Fakten werden klar, Gerüchte können praktisch nicht entstehen und wenn sie doch entstehen, kann konstruktiv von Management und Arbeitnehmervertretern gegengesteuert werden.

## 2.3 Projektabschluss

Zum Abschluss des Projektes ist eine ausführliche Bewertung des Projektes aus Sicht der Steuerungsgruppe wie auch der in den Projektteams einbezogenen Mitarbeiter sinnvoll. Es sollten auch Stimmen aus der Mitarbeiterschaft mit einbezogen werden. Die Bewertung sollte sich sowohl auf die Erfahrungen mit dem Entgeltsystem und dem Einführungsprozess sowie auch auf die betriebs- und personalwirtschaftlichen Auswirkungen des gesamten Entgeltsystems beziehen.

# Beispiele aus der Praxis

# Umstieg vom BAT auf ein einrichtungsspezifisches summarisches Entgeltsystem

## 1  Das Unternehmen

Das Unternehmen ist eine Stiftung, die im 19. Jahrhundert gegründet wurde. Sie konzentriert sich auf die Altenarbeit. Es werden zum einen ca. 200 Wohnungen für betreutes Wohnen angeboten, vier Heime mit zusammen ca. 400 Heimbewohnern und darüber hinaus ambulante Pflege, Tagespflege und Kurzzeitpflege. Insgesamt arbeiten ca. 350 Mitarbeiter in der Stiftung zum Wohle alter Menschen.

## 2  Ausgangssituation

Die Stiftung orientierte sich bei der Vergütung der Mitarbeiter bis zum Jahr 2003 am BAT. Aufgrund der immer schwieriger werdenden Refinanzierung wurden die BAT-Gehälter nicht mehr erhöht und man begann ab 2004, neue Mitarbeiter – unabhängig vom BAT – aufgrund von frei verhandelten Gehältern einzustellen. Das Weihnachtsgeld für diese Mitarbeiter wurde pauschal gezahlt und betrug maximal 1.000 € je Vollzeitmitarbeiter. Ende 2005 zeigten die Planungen, dass die wirtschaftliche Situation in 2006 so bedrohlich würde, dass alle Mitarbeiter auf das Weihnachtsgeld verzichteten. Vorstand und Betriebsrat nahmen sich im Jahr 2006 des Themas an und berieten, ob man den BAT beibehalten, sich am TVöD orientieren oder ein eigenes, auf die betrieblichen Bedürfnisse zugeschnittenes Entgeltsystem erarbeiten sollte.

Nach einem längeren Analyse- und Bewertungsprozess entschied sich die Geschäftsführung für das Erarbeiten eines eigenen Entgeltsystems. Entscheidend dafür waren die Unzufriedenheit mit dem unfertigen TVöD, die fehlenden Entgeltgruppenbeschreibungen des TVöD, der mangelnde Zuschnitt dieses für die öffentliche Verwaltung konzipierten Entgeltsystems auf die Belange der stationären Altenarbeit. Hinzu kam die nicht ausreichende Refinanzierung der erbrachten Dienstleistungen, um es wirtschaftlich vertreten zu können, nach dem TVöD zu zahlen.

## 3  Ziele des Entgeltsystems

Gemeinsam erarbeiteten Vorstand, Bereichsleiter und Betriebsrat – unterstützt von einem Berater – ein neues Entgeltsystem. Das neue Entgeltsystem sollte für alle Mitarbeitergruppen gelten und aus drei Bausteinen bestehen,

- einem anforderungsabhängigen Grundentgelt,

Innovative Entgeltsysteme, Eckhard Eyer
© Vincentz Network GmbH & Co. KG, Hannover 2010; ISBN 978-3-86630-115-3

- einem leistungsabhängigen Entgelt verknüpft mit
- einem erfolgsabhängigen Entgeltanteil.

Rechtlich waren das Tarifvertragsgesetz und die aktuelle Rechtsprechung des Bundesarbeitsgerichtes zu beachten. Flankierende Maßnahmen sollten den Umstieg vom alten auf das neue Entgeltsystem erleichtern. Als Voraussetzung zur Mitarbeit verlangte der Betriebsrat die Zusicherung, dass mit Einführung des neuen Entgeltsystems niemand weniger verdiene. Das Management verlangte, dass die Kostenneutralität des neuen Entgeltsystems gegenüber dem alten gewährleistet wird. Das neue Entgeltsystem sollte deshalb besser und fairer, aber nicht teurer werden.

## 4 Grundentgelt

### 4.1 Ziele

Das monatliche Grundentgelt der MitarbeiterInnen sollte sich an den ausgeführten Tätigkeiten orientieren und die Erfahrungen in der Einrichtung berücksichtigen.

### 4.2 Ausgestaltung

Im ersten Schritt wurden die in der Stiftung ausgeführten Tätigkeiten gelistet, auch die, die aus Kostengründen ausgelagert waren, denn sie könnten bei einer entsprechenden Ausgestaltung des Entgeltsystems wieder von Mitarbeitern der Stiftung übernommen werden. Nachdem die Übersicht über die Tätigkeiten erarbeitet war, wurden Kriterien analysiert, nach denen die Tätigkeiten zu differenzieren waren. Die notwendigen »Kenntnisse« und die übernommene »Verantwortung« sind die Kriterien, die Anforderungsmerkmale, nach denen die Tätigkeiten zu differenzieren waren. Die Berücksichtigung des Anforderungsmerkmals »Soziale Kompetenz« wurde diskutiert, aber dann verworfen, weil die soziale Kompetenz zwar von jedem Mitarbeiter gefordert wird, sich deshalb aber zum Differenzieren der Wertigkeit der in der Stiftung auszuführenden Tätigkeiten nicht bzw. nur bedingt eignet.

Aufgrund dieser Entscheidung wurden acht summarische Entgeltgruppen beschrieben und die betrieblichen Tätigkeiten einschließlich der ausgelagerten Tätigkeiten zugeordnet. Oberhalb der Entgeltgruppe 8 werden die Mitarbeiter außertariflich bezahlt.

| Entgelt-gruppe | Entgeltgruppenbeschreibung | Betriebliche Tätigkeiten |
|---|---|---|
| 1 | Einweisung bis 4 Wochen | Reinigungs-kraft |
| 2 | Anlernen 4 Wochen – 3 Monate | Küchenhilfe |
| 3 | Anlernen von mindestens 1 Jahr | |

Innovative Entgeltsysteme, Eckhard Eyer
© Vincentz Network GmbH & Co. KG, Hannover 2010; ISBN 978-3-86630-115-3

| Entgelt-gruppe | Entgeltgruppenbeschreibung | Betriebliche Tätigkeiten |
|---|---|---|
| 4 | Abgeschlossene Berufsausbildung von 3 Jahren | |
| 5 | Abgeschlossene Berufsausbildung von 3 Jahren und zusätzliche Verantwortung | |
| 6 | Abgeschlossene Berufsausbildung von 3 Jahren, Zusatzausbildung und zusätzliche Verantwortung | |
| 7 | … | |
| 8 | … | |

Abb.24: Auszug aus dem Eingruppierungssystem

Jede Entgeltgruppe hat vier Stufen, sie sind von der Verweildauer des Mitarbeiters in der Einrichtung bzw. in der Tätigkeit abhängig. Nach vier Jahren erreichen die Mitarbeiter die vierte Stufe.

| Entgelt-gruppe | Stufen | | | |
|---|---|---|---|---|
| | 1 Bis 6 Monate (Ende der Probezeit) | 2 >6 Monate bis 2 Jahre | 3 >2 Jahre bis 4 Jahre | 4 >4 Jahre |
| 1 | 100 % | 110 % | 118 % | 125 % |
| 2 | 120 % | 130 % | 138 % | 145 % |
| 3 | 140 % | | | |
| 4 | | | | |
| 5 | | | | |
| 6 | | | | |
| 7 | | 290 % | 310 % | 330 % |
| 8 | 320 % | 345 % | 370 % | 400 % |

Abb. 25: Struktur der Entgelttabelle (Beispiel)

Die Struktur der Entgelttabelle wird mit Euro-Beträgen vervollständigt, diese wurden aufgrund von Schattenrechnungen erarbeitet.

### 4.3 Schattenrechnungen

Die Auswirkungen des neuen Entgeltsystems auf die Einrichtung wurden in so genannten Schattenrechnungen simuliert. Dabei wurde von zwei Grundprämissen ausgegangen:

- Das neue Entgeltsystem soll kostenneutral eingeführt werden,
- Kein Mitarbeiter soll weniger verdienen.

Beiden Betriebsparteien war bewusst, dass alle Prämissen nicht gleichzeitig einzuhalten sind, deshalb wurden nachfolgende Regelungen vereinbart:

- Kein Mitarbeiter erhält zum Stichtag der Umstellung weniger Entgelt,
- Mitarbeiter, deren altes Gehalt höher ist als ihr neues Tabellen-Entgelt, erhalten in Höhe der Differenz eine Ausgleichszulage; diese wird mit zukünftigen Entgelterhöhungen ganz oder teilweise verrechnet,
- Mitarbeiter, die nach dem neuen Entgeltsystem mehr verdienen als nach dem alten Gehaltssystem, werden in bis zu drei Schritten in zwei Jahren an ihr neues Entgelt herangeführt, sodass die Mehrkosten moderat sind und teilweise mit dem Abschmelzen der Ausgleichszulagen kompensiert werden können.

Dieses Vorgehen führte dann dazu, dass die Stiftung die kalkulierbaren, temporären Mehrkosten übernahm und sie als Investition in die Zukunft für ein faireres Entgeltsystem betrachtete.

Die getroffenen Regelungen wurden in einer Betriebsvereinbarung vereinbart und Bestandteil der einzelvertraglichen Regelungen, die die Einrichtung mit jedem Mitarbeiter abschloss.

### 4.4 Einführungsprozess

In der Stiftung wurden die verschiedenen Tätigkeiten von der Projektgruppe beschrieben und einer der acht Entgeltgruppen zugeordnet. Die Mitarbeiter wurden in den Gestaltungsprozess einbezogen, sie verstanden, was warum geändert wurde und warum es sachlich korrekt war.

Die Beteiligung der Mitarbeiter bei der Ausarbeitung, aber auch die flankierenden Informationen vor, während und nach Abschluss des Gestaltungsprozesses durch Geschäftsführung, Betriebsrat und Berater schafften Transparenz und Vertrauen, sie sicherten so die Akzeptanz des neuen Entgeltsystems.

Jeder Mitarbeiter erhielt vier Wochen vor der Einführung des neuen Entgeltsystems eine Mitteilung über die Zusammensetzung des alten Gehalts und des neuen Entgeltes sowie die Entwicklung des individuellen Entgeltes – entweder unter Berücksichtigung des Abschmelzens der Ausgleichzulagen oder des schnelleren Anstiegs der Entgelte – in den nächsten zwei Jahren.

# 5 Leistungsentgelt

## 5.1 Betroffene Mitarbeiter

Das Leistungsentgelt gilt grundsätzlich für alle Mitarbeiter, die am Stichtag 15. Oktober eines Jahres mindestens neun Monate in der Einrichtung arbeiten. Die Führungskräfte haben dadurch einen ausreichend langen Bewertungszeitraum. Ausgenommen von der systematischen Leistungsbewertung sind z. B. Zivildienstleistende, Mitarbeiter im freiwilligen sozialen Jahr, Praktikanten, Mitarbeiter im Anerkennungsjahr und Mitarbeiter in der Ausbildung.

## 5.2 Finanzierung des Leistungsentgeltes

Mit der Einführung des neuen Entgeltsystems war eine Erhöhung des Entgeltes um durchschnittlich 3 % verknüpft. 1 % wurde in die Entgelttabelle eingearbeitet und weitere 2 % standen monatlich als Leistungsentgelt zur Verfügung. Da das Leistungsentgelt nur einmal jährlich im Dezember ausgezahlt wurde, standen somit 24 % eines Monatsgehaltes als Leistungsentgelt zur Verfügung. Dieses wurde aufgrund der individuellen Leistung der Mitarbeiter, ermittelt mittels Leistungsbewertung, ausgezahlt.

## 5.3 Verfahren zur systematischen Leistungsbewertung

Die Ermittlung der Leistung der Mitarbeiter erfolgt aufgrund einer systematischen Leistungsbewertung,

Der Leistungsbewertungsbogen enthält vier Merkmalsgruppen mit jeweils vier Leistungskriterien. Die Leistungskriterien sind gleich gewichtet. Für die Leistungskriterien wurden jeweils fünf Bewertungsstufen gebildet. Jeder Bewertungsstufe wurden Punktwerte zugeordnet.

| Merkmalsgruppen | Leistungsmerkmale | Bewertungsstufen | | | | |
|---|---|---|---|---|---|---|
| | | E | D | C | B | A |
| Fach- und Methodenkompetenz | Kennen und Einhalten von Standards | 0 | 1 | 2 | 3 | 4 |
| | ... | 0 | 1 | 2 | 3 | 4 |
| Sozialkompetenz | Umgang mit Heimbewohnern | 0 | 1 | 2 | 3 | 4 |
| | ... | 0 | 1 | 2 | 3 | 4 |
| Wirksamkeit des Arbeitseinsatzes | Prioritäten setzen | 0 | 1 | 2 | 3 | 4 |
| | ... | 0 | 1 | 2 | 3 | 4 |

Abb. 26: Leistungsbewertungsverfahren (Auszug)

Innovative Entgeltsysteme, Eckhard Eyer
© Vincentz Network GmbH & Co. KG, Hannover 2010; ISBN 978-3-86630-115-3

| Stufe | Stufenbeschreibung |
|:---:|:---|
| A | Übertrifft die Leistungserwartungen in besonderem Maße |
| B | Übertrifft die Leistungserwartungen |
| C | Entspricht den Leistungserwartungen |
| D | Entspricht nicht ganz den Leistungserwartungen |
| E | Entspricht nicht den Leistungserwartungen |

Abb. 27: Beschreibung der Leistungsstufen

Die jährlich stattfindende systematische Leistungsbewertung findet bis zum 15. Oktober eines Jahres statt. Die Führungskraft führt mit dem Mitarbeiter ein Leistungsbewertungsgespräch. Es erfolgt zuvor eine Fremdbewertung durch die Führungskraft und eine Selbstbewertung durch den Mitarbeiter. Die Ergebnisse der Beurteilungen werden besprochen und soweit notwendig, Maßnahmen abgeleitet. Die Leistung wird abschließend bewertet, dokumentiert und der Personalabteilung zugeleitet.

Kommen Führungskraft und Mitarbeiter nicht zu einer Einigung, kann der Mitarbeiter das Ergebnis reklamieren.

Die Schlichtungskommission besteht aus zwei Vertretern des Stiftungsvorstandes und zwei Betriebsratsmitgliedern. Für die Bearbeitung einer Beschwerde gilt eine Frist von vier Wochen.

### 5.4 Berechnung des Leistungsentgeltes

Das Leistungsentgelt wird aufgrund des zur Verfügung stehenden Leistungsentgeltvolumens (Summe der 24% eines jeden Monatsgehaltes), der Leistungsentgeltpunkte sowie der individuellen Entgeltgruppe und der anteiligen Arbeitszeit eines Mitarbeiters berechnet (Siehe Kapitel »Leistungsentgelt- Gestaltungsoptionen und Einführung«, Abschnitt 1.3. »Berechnung der Leistungszulage/-prämie«).

Die Höhe des individuellen Leistungsentgeltes wird dem Mitarbeiter mit der Entgeltabrechnung für den Dezember des Jahres mitgeteilt und mit dem Monatsentgelt im Dezember ausgezahlt.

### 5.5 Ermittlung der erfolgsabhängigen Jahressonderzahlung

In der Stiftung sollte, nachdem die Jahressonderzahlung wegen der schwierigen wirtschaftlichen Situation in 2006 im Konsens mit den Mitarbeitern gestrichen wurde, zukünftig eine vom Erfolg abhängige Jahressonderzahlung gezahlt werden. Stiftungsvorstand und Betriebsrat haben vereinbart, dass die Jahressonderzahlungen nicht vom operativen Ergebnis der Stiftung abhängig sind, sondern von dem der einzelnen Einrichtungen, die als Profitcenter organisiert sind. Die Jahressonderzahlungen können deshalb von Einrichtung zu Einrichtung unterschiedlich hoch sein.

# 6 Information und Kommunikation

Im vierten Quartal 2006 begannen die Planungen des Informations- und Kommunikationsprozesses. Es wurde zum einen festgelegt, in welchen Medien was, wann, wem kommuniziert wurde und welche Zielgruppe von wem, wann in welchen Inhalten geschult wurden.

| Medium | Inhalt | Zielgruppe | Wann | Wer |
|---|---|---|---|---|
| Vortrag auf Betriebsversammlung | Ziele vom und Weg zum neuen Entgeltsystem | alle Mitarbeiter | Mai 06 | Betriebsrat Berater Vorstand |
| Vortrag Diskussion | Inhalte der betrieblichen Regelung | Betriebsrat | Feb. 07 | Vergütungsberater, BK |
| Vortrag Diskussion | Inhalte der betrieblichen Regelung | alle Mitarbeiter in Betriebsversammlung | Mrz. 07 | Vergütungsberater, BK |
| Seminar | Anwendung des Leistungsentgeltsystems | Führungskräfte/ Bewerter | Mrz. 07 | Berater |
| Intranet | Betriebliche Regelung | Alle Mitarbeiter | Apr. 07 | Geschäftsführung (GF) und Betriebsrat |
| | Anleitung Leistungsbewertung | Alle Mitarbeiter | Mai 07 | Berater |
| | FAQ | Alle Mitarbeiter | Mai 07 | GF und Betriebsrat |
| Broschüre | Anleitung Leistungsbewertung | Alle Mitarbeiter | Mai 07 | Berater |

Abb. 28: Informations- und Kommunikationsprozess

Die Inhalte wurden, nachdem der Gestaltungsprozess weitgehend abgeschlossen war, an die Mitarbeiter kommuniziert und ihnen ab März 2007 schriftlich zur Verfügung gestellt. Mit den Schulungen wurde im Rahmen der laufenden Führungskräfteentwicklung bereits im Frühjahr 2007 begonnen. Jedem Mitarbeiter wurde vor dem Start der ersten Leistungsbewertung Anfang 2007, die als so genannter Trockenlauf lief, mitgeteilt, von wem er bewertet wurde. Ein Trockenlauf ist die Anwendung des Verfahrens ohne finanzielle Auswirkungen. Ab dem 1. Juli 2007 wurde das neue

**Umstieg vom BAT auf ein einrichtungsspezifisches summarisches Entgeltsystem**

Innovative Entgeltsysteme, Eckhard Eyer
© Vincentz Network GmbH & Co. KG, Hannover 2010; ISBN 978-3-86630-115-3

Grundentgeltsystem mit der Jahressonderzahlung eingeführt und im Januar 2008 das Leistungsentgelt.

Das für den stationären Bereich erarbeitete Entgeltsystem wurde am 01.01.2010 auch auf die ambulanten Bereiche übertragen. Der ambulante Bereich mit 45 Mitarbeitern war ein eigenes Profitcenter mit eigener Erfolgsbeteiligung.

## 7 Fazit

Die Stiftung hat sich aus der bisherigen Anlehnung an den BAT gelöst und ein eigenes, auf die betrieblichen Bedürfnisse zugeschnittenes Entgeltsystem gemeinsam mit dem Betriebsrat erarbeitet. Mit dem Grundentgeltsystem wurden die Mitarbeiter tätigkeitsorientiert entlohnt. Mit dem individuellen Leistungsentgelt wurde eine Feedbackkultur etabliert, die zu einem individuellen Lernen und einem Veränderungsprozess im Unternehmen beigetragen hat. Mit dem Erfolgsentgelt – zugeschnitten auf die Einrichtungen – stärkt man dort das Wir-Gefühl. Im Jahr 2012 soll geprüft werden, ob es sinnvoll ist, die Erfolgsbeteiligung zu 2/3 am Erfolg der Profitcenter und zu 1/3 am Erfolg aller Einrichtungen der Stiftung anzuknüpfen.

Innovative Entgeltsysteme, Eckhard Eyer
© Vincentz Network GmbH & Co. KG, Hannover 2010; ISBN 978-3-86630-115-3

# Analytische Eingruppierung mit kombiniertem leistungs- und erfolgsorientierten Entgelt

## 1 Ausgangssituation

Zwei Mitarbeiter eines kommunalen Betreibers von Alten- und Pflegeheimen, die in Leitungsfunktionen im mittleren Management einer Alten- und Pflegeeinrichtung tätig waren, gründeten Anfang der 90er Jahre ein privates Unternehmen der stationären Altenpflege. Sie bauten unweit ihres alten Arbeitgebers ein neues Alten- und Pflegeheim und bewirtschafteten dieses so erfolgreich, dass sie mittlerweile zwei weitere Heime im Umkreis von ca. 30 km aufbauten. Im Jahre 2007 kauften sie von einem Geschäftsführenden Gesellschafter zwei erfolgreiche Heime, die Mitte der 70er Jahre gebaut wurden. Das neue Unternehmen hat ca. 800 Mitarbeiter in den Bereichen betreutes Wohnen, Pflegeheim mit Stationen für demente Bewohner und ein Hospiz.

Die Unternehmenskulturen in beiden Unternehmen waren sehr unterschiedlich. Wurde das in den 70er Jahren gegründete Unternehmen sehr zentralistisch geführt und straff organisiert, so ist das in den 90er Jahren gegründete Unternehmen von kooperativer Führung, Dezentralisierung und einem offenen Umgang mit Leistungskennzahlen geprägt. Die Heimleiter haben einen großen Handlungs- und Entscheidungsspielraum im Rahmen ihrer Aufgaben und der mit ihnen jährlich vereinbarten Ziele bzw. Budgets. Die alten Gehaltssysteme sind in beiden Heimen sehr unterschiedlich gewachsen. Während man sich bei dem einen Träger davon leiten ließ, dass die Pflegehilfskräfte fast die gleichen Tätigkeiten erledigten wie die Pflegefachkräfte und sie deshalb nahezu gleich bezahlte, differenzierte der andere Träger stärker zwischen Pflegefach- und Pflegehilfskräften. Beide Heime hatten keine leistungs- und erfolgsabhängigen Entgeltbausteine.

Im Kontext des Zusammenwachsens der beiden Unternehmen mit ihren fünf Standorten, der Vereinheitlichung des Auftretens am Markt, der Corporate Identity und der angestrebten einheitlichen Unternehmenskultur waren auch die Entgeltsysteme aufeinander abzustimmen bzw. idealerweise ein neues auf das ganze Unternehmen zugeschnittenes Entgeltsystem zu erarbeiten.

## 2 Problemstellung

Die beiden Unternehmen, die zukünftig am Absatz- und Arbeitsmarkt mit ihren fünf Heimen einheitlich auftraten, hatten gewachsene Entgeltsysteme, die sich in der jeweiligen Gründungszeit am BAT orientierten, aber in den letzten Jahren zunehmend – nicht zuletzt aufgrund der Refinanzierung – davon entfernten. Bei jedem der Träger gab es mindestens drei unterschiedliche Formen von Arbeitsverträgen

Innovative Entgeltsysteme, Eckhard Eyer
© Vincentz Network GmbH & Co. KG, Hannover 2010; ISBN 978-3-86630-115-3

mit unterschiedlichen Entgelten bei gleicher Arbeit. Ein durchgängiges System war in keinem der beiden Unternehmen zu erkennen, in den städtischen und stadtnahen Heimen zahlte man höhere Gehälter als im ländlichen Bereich.

## 3 Ziele des Entgeltsystems

Im Jahr 2007 formulierte die Geschäftsführung das Ziel, ein einheitliches Entgeltsystem zu erarbeiten und dieses schrittweise einzuführen. Dieses sollte es ermöglichen, Mitarbeiter – soweit logistisch vertretbar – in zwei oder gar drei nahe beieinanderliegenden Heimen nach Bedarf einzusetzen. Zugleich sollte die Vereinheitlichung von Personalpolitik und der Personalentwicklung, aber auch das Qualitätsmanagement und die Rückmeldung von betrieblichen Leistungskennzahlen gefördert werden.

Geschäftsführer und Heimleiter formulierten die Ziele und damit indirekt die Bausteine eines neuen Entgeltsystems:

- ein tätigkeitsabhängiges monatliches Grundentgelt,
- ein erfolgsabhängiger Entgeltanteil sowie,
- ein leistungsabhängiges Entgelt.

Da das Leistungsentgelt nicht ohne Weiteres finanzierbar war, dachte man an eine Verknüpfung von Leistungs- und Erfolgsengelt dergestalt, dass die Jahressonderzahlungen teilweise variabilisiert und entsprechend der bewerteten Leistung der einzelnen Mitarbeiter ausgezahlt wurden.

## 4 Grundentgelt

### 4.1 Gestaltung

Das monatliche Grundentgelt der Mitarbeiter sollte sich an den den Mitarbeitern übertragenen Tätigkeiten und den daraus resultierenden Anforderungen sowie den Erfahrungen auf der Stelle bzw. in dem Unternehmen orientieren.

Als grundsätzliche Anforderungsdimensionen wurden geforderte fachliche und soziale Kompetenzen sowie Verantwortung definiert. Abb. 29 zeigt die Struktur der Anforderungen.

Mit diesen Anforderungsmerkmalen und Untermerkmalen lassen sich sowohl die Tätigkeiten von Pflegekräften, Mitarbeitern in der Verwaltung als auch in der Hauswirtschaft und Reinigung bewerten.

Für jedes Anforderungsmerkmal wurden mehrere Stufen definiert.

Innovative Entgeltsysteme, Eckhard Eyer
© Vincentz Network GmbH & Co. KG, Hannover 2010; ISBN 978-3-86630-115-3

| Anforderungsmerkmale | Untermerkmale | max. Punkte |
|---|---|---|
| Fachliche Kompetenz | Fachkenntnisse | 90 |
| | Erfahrung | 20 |
| Soziale Kompetenz | | 30 |
| Verantwortung | Eigene Arbeit | 25 |
| | Mitarbeiter | 20 |
| | Finanzen | 15 |
| | Summe: | 200 |

Abb. 29: Anforderungsarten und -merkmale

Jeder Stufe des Anforderungsmerkmals wird ein Punktwert zugeordnet. Die maximalen Punktwerte je Merkmal drücken die Gewichtung der einzelnen Stufen zueinander aus. Die Summe der Punktwerte beträgt maximal 200. Aufgrund der für die jeweilige Tätigkeit ermittelten Punkte wird sie einer der 10 betrieblichen Entgeltgruppen zugeordnet.

| Entgeltgruppe | Arbeitswert |
|---|---|
| 1 | 10 – 20 |
| 2 | 21 – 32 |
| 3 | 33 – 36 |
| 4 | 37 – 52 |
| 5 | 53 – 70 |
| 6 | 71 – 90 |
| 7 | 91 – 112 |
| 8 | 113 – 136 |
| 9 | 137 – 162 |
| 10 | größer 162 |

Abb. 30: Zuordnung der Tätigkeiten aufgrund der Punktwerte zu den Entgeltgruppen

Nachdem die Entgeltgruppen festgelegt waren, war zu entscheiden, ob die einzelnen Entgeltgruppen eine oder mehrere Stufen, abhängig von der Betriebszugehörigkeit, haben sollen und das monatliche Entgelt der Mitarbeiter – bei sonst unveränderten Tätigkeiten – steigen soll. Es wurde sich für max. vier Stufen entschieden. Die einfachen Tätigkeiten haben zwei Stufen und höherwertige Tätigkeiten, in die man länger hineinwächst, haben drei bzw. vier Stufen. Die Relationen der einzelnen €-Werte in Prozent sind in Abb. 313 wiedergegeben,

| Entgelt-gruppe | Stufen | | | |
|---|---|---|---|---|
| | Eingangsstufe bis 1 Jahr | Entwicklungs-stufe A > 1 Jahr – 2 Jahre | Entwicklungs-stufe B > 2 Jahre – 4 Jahre | Entwicklungs-stufe C >4 Jahre |
| 1 | 90 % | 100 % | - | - |
| 2 | 100 % | 110 % | - | - |
| 3 | 112 % | 120 % | 120 % | 128 % |
| 4 | 124 % | 132 % | 132 % | 140 % |
| 5 | 140 % | 150 % | 150 % | 160 % |
| 6 | 156 % | 166 % | 166 % | 176 % |
| 7 | 176 % | 188 % | 200 % | 212 % |
| 8 | 200 % | 214 % | 228 % | 242 % |
| 9 | 230 % | 248 % | 266 % | 284 % |
| 10 | 270 % | 290 % | 310 % | 330 % |

Abb. 31: Entgelttabelle mit Entgeltgruppen und Stufen

Für die entwickelte Entgelttabelle, die in einem längeren iterativen Prozess entstanden ist, werden an Stelle der Prozentwerte Euro-Beträge eingesetzt und damit das zukünftige Soll-Entgelt der Mitarbeiter festgelegt. Bei einer Beförderung werden die Mitarbeiter in die entsprechend höhere Entgeltgruppe in Stufe 2 eingeordnet, damit mit der Beförderung immer ein höherer Verdienst einhergeht.

## 4.2 Schattenrechnungen

Die Auswirkungen des neuen Entgeltsystems auf die Einrichtung wurden in so genannten Schattenrechnungen simuliert ebenso die Übergangsregelungen beim Umstieg auf das neue System. Beide folgten dem Ziel der Kostenneutralität und der Sozialverträglichkeit.

# 5 Leistungs- und Erfolgsentgelt

### 5.1 Betroffene Mitarbeiter

Das Leistungsentgelt gilt grundsätzlich für alle Mitarbeiter, die am Stichtag 1. Oktober mindestens 6 Monate in der Einrichtung arbeiten, damit die Führungskräfte einen ausreichend langen Bewertungszeitraum haben. Ausgenommen von der systematischen Leistungsbewertung sind z. B. Anerkennungspraktikanten und Altenpflegeschüler in der Ausbildung.

### 5.2 Finanzierung des Leistungs- und Erfolgsentgelts

Der Arbeitgeber gewährt jährlich eine freiwillige Jahressonderzahlung in Höhe von 60 % eines individuellen Monatsentgeltes. In Abhängigkeit von der wirtschaftlichen Situation kann die Jahressonderzahlung auf 30 % halbiert oder auf 90 % eines Monatsgehaltes erhöht werden. Die Schwellenwerte, ab denen eine Jahressonderzahlung in Höhe von 30 %, 60 % oder 90 % erreicht wird, werden gemeinsam mit dem Betriebsrat jährlich aufgrund des Wirtschaftsplans zu Beginn des Jahres definiert.

Die gemeinsam erarbeitete Jahressonderzahlung wird aufgrund der bewerteten Leistung der Mitarbeiter, ihrer Entgeltgruppe, individuellen wöchentlichen Arbeitszeit und ihrer Betriebszugehörigkeit im laufenden Geschäftsjahr ermittelt.

### 5.3 Verfahren zur systematischen Leistungsbewertung

Die Ermittlung der Leistung der Mitarbeiter erfolgt aufgrund einer systematischen Leistungsbewertung.

Der Leistungsbewertungsbogen enthält drei Merkmalsgruppen mit jeweils zwei bis drei Leistungsmerkmalen. Die Leistungsmerkmale sind gleich gewichtet. Für die Leistungsmerkmale wurden jeweils vier Bewertungsstufen gebildet. Jeder Bewertungsstufe wurden Punktwerte zugeordnet.

| Merkmalsgruppen | Leistungsmerkmale | Leistungsstufen | | | |
|---|---|---|---|---|---|
| | | ☹ | ☹☺ | ☺ | ☺☺ |
| Fachliche Kompetenz | Aktualität der Fachkenntnisse | 0 | 2 | 4 | 6 |
| | ... | 0 | 2 | 4 | 6 |
| Methodische Kompetenz | Arbeitsorganisation | 0 | 2 | 4 | 6 |
| | Prioritäten setzen | 0 | 2 | 4 | 6 |
| Soziale Kompetenz | Kundenorientierung | 0 | 2 | 4 | 6 |
| | Zusammenarbeit | 0 | 2 | 4 | 6 |
| | Umgang mit Kritik | 0 | 2 | 4 | 6 |

Abb. 32: Leistungsbeurteilungsverfahren für Mitarbeiter in der stationären Pflege

**Analytische Eingruppierung mit kombiniertem leistungs- und erfolgsorientierten Entgelt**

Innovative Entgeltsysteme, Eckhard Eyer
© Vincentz Network GmbH & Co. KG, Hannover 2010; ISBN 978-3-86630-115-3

Die jährlich stattfindende systematische Leistungsbewertung findet nach den Sommerferien bis zum 1. Oktober eines Jahres statt. Die Führungskraft führt mit dem Mitarbeiter ein Leistungsbewertungsgespräch. Das Ergebnis der Bewertungen wird besprochen und, soweit notwendig, werden Maßnahmen abgeleitet. Das Bewertungsergebnis wird im »Ergebnisprotokoll Leistungsbewertung« dokumentiert und der Personalabteilung zugeleitet. Die Dokumentation ist Teil der Personalakte.

Der Mitarbeiter kann, wenn er mit seiner Bewertung nicht einverstanden ist, eine betriebliche Schlichtungsstelle anrufen, die mit einfacher Mehrheit entscheidet.

### 5.4 Ermittlung der Höhe des erfolgsabhängigen Leistungsentgelts

Der Arbeitgeber stellt grundsätzlich die geplante Jahressonderzahlung in Höhe von 60 % in den Wirtschaftsplan ein. Diese wird in Abhängigkeit vom erzielten operativen Gewinn ausgezahlt. Wird der geplante Gewinn erreicht, so werden den Mitarbeitern 60 % der Summe aller Monatsentgelte eines festgelegten Monats – differenziert nach individueller Leistung – ausgezahlt. Übertrifft der operative Gewinn das geplante Ergebnis können bis zu 90 % der Summe aller Monatsentgelte eines festgelegten Monats – differenziert nach individueller Leistung – ausgezahlt werden. Die Höhe des erfolgsabhängigen Leistungsentgelts im Verhältnis zum operativen Gewinn wird jährlich zu Beginn des Geschäftsjahres vereinbart bzw. festgelegt. 30 % der Summe aller Monatsentgelte eines festgelegten Monats werden an die Mitarbeiter – differenziert nach individueller Leistung – in jedem Fall ausgeschüttet. Das Leistungsentgelt, das aufgrund der Variabilisierung der Jahressonderzahlung erreicht wird, wird in zwei Raten ausgezahlt: Die erste Rate in Höhe von 30 % jeweils im November eines Jahres, die Restsumme bis spätestens zum 30.04. des Folgejahres.

## 6 Information und Kommunikation

Im ersten Quartal 2008 begannen die Planungen des Informations- und Kommunikationsprozesses für das Leistungsentgelt. Es wurde festgelegt, in welchen Medien was, wann, wem kommuniziert wurde und welche Zielgruppe von wem, wann in welchen Inhalten geschult wurde.

Innovative Entgeltsysteme, Eckhard Eyer
© Vincentz Network GmbH & Co. KG, Hannover 2010; ISBN 978-3-86630-115-3

| Medium | Inhalt | Zielgruppe | Wann | Wer |
|--------|--------|-----------|------|-----|
| Vortrag Diskussion | Inhalte der Betriebs-vereinbarung LE | Betriebsrat | Jan. 08 | Vergütungs-berater |
| Vortrag Diskussion | Inhalte der Betriebs-vereinbarung LE | Mitarbeiter-versammlung | Feb. 08 | Vergütungs-berater |
| Intranet | Betriebs-vereinbarung LE | Alle Mitarbeiter | Feb. 08 | Vorstand und Betriebsrat |
| Intranet | Anleitung Leistungsbewertung | Alle Mitarbeiter | Feb. 08 | Berater |
| Intranet | FAQ | Alle Mitarbeiter | Feb. 08 | Vorstand und Betriebsrat |
| Broschüre | Anleitung Leistungsbewertung | Alle Mitarbeiter | Feb. 08 | Berater |
| Seminar | Anwendung des Leistungsentgelt-systems | Führungs-kräfte/ Bewerter | Nov. 07 & Feb. 08 | Berater |

Abb. 33: Informations- und Kommunikationsprozess

Das Leistungs- und Erfolgsentgeltsystem wurde Anfang 2008 an die Mitarbeiter kommuniziert und ihnen ab April schriftlich zur Verfügung gestellt. Mit den Schulungen wurde im Rahmen der laufenden Personalentwicklungsmaßnahmen und Führungskräfteentwicklung bereits im Oktober 2007 begonnen. Jeder Mitarbeiter wusste vor dem Start der Leistungsbewertung, wer sie mit ihm verbindlich führt.

Der Betriebsrat erhält jährlich folgende Informationen und Unterlagen, um die korrekte Umsetzung der Betriebsvereinbarung zu überprüfen. Die so gewährleistete Transparenz führt zu einer hohen Akzeptanz des Systems bei Mitarbeitern und Betriebsräten.

## 7  Fazit

Nach dem Kauf eines fast gleich großen Trägers der Altenpflege ist es in einem anspruchsvollen Prozess gelungen, das Unternehmen als Ganzes neu zu definieren und die unterschiedlichen Kulturen zusammenzuführen. In diesem Kontext hat das Management ein neues anforderungsbezogenes Entgeltsystems erarbeitet. Das anforderungsbezogene Grundentgelt wurde mit den Mitarbeitern individuell vereinbart. Das Leistungs- und Erfolgsentgeltsystem wurde gemeinsam von Management und Betriebsrat erarbeitet und per Betriebsvereinbarung eingeführt. Die Erfahrungen nach zwei Jahren sind positiv.

Innovative Entgeltsysteme, Eckhard Eyer
© Vincentz Network GmbH & Co. KG, Hannover 2010; ISBN 978-3-86630-115-3

# Leistungsentgelt in einem Altenheim

Im Allgemeinen wird angenommen, dass Mitarbeiter, die in die Altenarbeit gehen, dies bewusst tun, es sind »Helfertypen«, die alte Menschen pflegen wollen. Diese Mitarbeiter haben i. d. R. eine hohe intrinsische (innere) Motivation. Ein Leistungsentgelt, der schnöde Mammon, zerstört diese intrinsische Motivation in der Altenarbeit, sagen manche Skeptiker. In diesem Umfeld wurde ein Leistungsentgelt in einem kirchlichen Alten- und Pflegeheim mit interessanten Ergebnissen eingeführt.

## 1 Das Unternehmen

Das Unternehmen ist eine von fast zwanzig Altenhilfeeinrichtungen eines großen Trägers, der im Jahr 2005 ein Modellprojekt zum Leistungsentgelt in einer kirchlichen Einrichtung durchführte. Die Trägergesellschaft beschäftigt mehr als 2.000 angestellte Mitarbeiter und ca. 800 ehrenamtliche Mitarbeiter.

Das Alten- und Pflegeheim, in dem das Leistungsentgeltsystem erarbeitet und umgesetzt wurde, bietet ca. 100 pflegebedürftigen Menschen Wohnungen an. Ein weiterer Zweig ist das »Vorübergehende Wohnen« analog zu den Kurzzeitpflegeplätzen. Im Alten- und Pflegeheim arbeiten ca. 130 Mitarbeiterinnen und Mitarbeiter sowie 53 Ehrenamtliche.

## 2 Das Leistungsentgelt

### 2.1 Gründe für die Einführung von Leistungsentgelt

Folgende Gründe führten nach einer längeren Diskussion im Management und zwischen Management und Mitarbeitervertretung sowie Mitarbeitern zur Einführung eines Leistungsentgeltsystems.

- Erhöhung der (Leistungs-)Gerechtigkeit,
- Leistungs- statt Senioritätsprinzip in der Vergütung,
- Verbesserung der Qualität der Arbeit und der Betreuung der Heimbewohner,
- Erhöhung der Wettbewerbsfähigkeit durch Effektivitäts- und Effizienzsteigerung,
- Stärkung der Mitarbeitervertretung (MAV) und Übernahme von Verantwortung durch die MAV für die Einrichtung,
- Erhöhung der Partizipation der Mitarbeiter durch Zielvereinbarungen.

### 2.2 Die Methode der Leistungsfeststellung

Management und Mitarbeitervertretung entschieden sich für die individuelle Zielvereinbarung als Methode der Leistungsfeststellung. Die Gründe hierfür waren zum einen die klare Struktur der Ablauforganisation und die eindeutige Zuordnung der

Innovative Entgeltsysteme, Eckhard Eyer
© Vincentz Network GmbH & Co. KG, Hannover 2010; ISBN 978-3-86630-115-3

Verantwortung zu einzelnen Mitarbeitern sowie zum anderen die transparenten messbaren Ziele, an denen die Mitarbeiter ihren Leistungsstand jederzeit selbst ablesen konnten.

Die Mitarbeiter, die an dem Leistungsentgeltprojekt teilnahmen (es nahm nur ein Anteil von 30 % aller Mitarbeiter freiwillig an dem Projekt teil), setzten sich mit der Leistungsvergütung und ihrer Ausgestaltung auseinander. Wichtig war dabei:

- In der Gestaltungsphase haben sich die potentiell betroffenen Mitarbeiter ausführlich mit den Gestaltungsmöglichkeiten der Leistungsvergütung auseinandergesetzt.
- Der Grad der Objektivierung der Leistung war so hoch wie möglich, um die Nachvollziehbarkeit und Akzeptanz der Höhe des Leistungsentgelts zu gewährleisten.
- Ein Projektteam erarbeitete die relevanten Ziele; diese wurden aus dem Leitbild und den Unternehmenszielen abgeleitet.
- Die Mitarbeiter haben sich gemeinsam für individuelle Zielvereinbarungen entschieden.

Die hohe Strukturqualität und Transparenz im Managementsystem der Einrichtung waren die entscheidenden Voraussetzungen für die Wahl der Zielvereinbarungen.

### 2.3 Erarbeitung der Ziele

Die klare Formulierung der Unternehmensziele erleichterte die individuelle Zielvereinbarung:

- Fachkraftquote erhöhen,
- Pflegeprozesssteuerung optimieren,
- Auslastung der Einrichtung (99,2 %) verbessern,
- Mitarbeiterzufriedenheit erhöhen,
- wertschätzende Kommunikation mit Kunden und Kollegen,
- Hospizarbeit in der Einrichtung implementieren,
- Flexibilität in der Dienst- und Dienstplangestaltung erhöhen.

Aus diesen Einrichtungszielen wurden für die Hauswirtschaftlichen Dienste, Verwaltungsdienste und Begleitenden Dienste (Pflegedienst) die Bereichsziele und daraus die individuellen Mitarbeiterziele abgeleitet. Die Mitarbeiter setzten sich intensiv mit ihren Zielen auseinander und fragten sich, was ihr Beitrag zum Erreichen der Unternehmensziele ist. Sie vereinbarten die Ziele mit ihren Führungskräften.

## 2.4 Qualität der Ziele

Die individuellen Ziele wurden nach der »SMART-Methode« operationalisiert.

Ziele, die diesem Standard nicht entsprachen, wurden entweder modifiziert oder im Einzelfall verworfen. Für die Leistungsstufen wurden dienstspezifisch drei Niveaus gewählt. Die Ziele wurden im Konsens zwischen Führungskraft und Mitarbeiter gewichtet und diese Gewichtung mit den Zielen vereinbart. Es war spannend zu beobachten, wie sich die Perspektive der Mitarbeiter in der Diskussion veränderte; der im ersten Jahr im Vordergrund stehende Aspekt der persönlichen Erreichbarkeit des Ziels ging mit der Zeit zurück und die Bedeutung des Ziels für die Qualität des Hauses, die Qualität der Dienstleistung nahm zu.

## 2.5 Ein Beispiel aus der Praxis

Im Folgenden wird beispielhaft ein Zielvereinbarungsbogen vorgestellt:

| Zielvereinbarungsbogen | | | | | |
|---|---|---|---|---|---|
| **Name:** Marlies Mustermann | | | **Dienste:** Bereich Pflege | | |
| **Datum:** 15.01.2007 | | | | | |
| **Ziele** | **Leistungsstufe/Punktwert** | | | **Gewich-tungs-faktor** | **Punkt-werte** |
| | **1** | **2** | **3** | | |
| Betreuung dementer Bewohner verbessern | Situation am Markt und im Haus analy-sieren | Konzept Betreuung dementer Bewohner erstellen | Betreuung dementer Bewohner in Wohngruppe 1+2 umsetzen | 5 | |
| Qualitäts-niveau verbessern | Qualitäts-standards aktualisieren | In Wohn-gruppe 3+4 SOLL- IST-Abgleich durchführen | In Wohn-gruppe 3+4 erkannte Defizite nachhaltig abstellen | 2 | |
| Fortbil-dungsbedarf ermitteln und Maßnahmen umsetzen | individuel-len Fortbil-dungsplan je Mitarbeiter erstellen | Individuelle Maßnahmen planen | Umsetzung des Plans mit mindestens 20 Mitarbei-tern | 4 | |
| Sterbe-begleitung | Broschüre »Sterbe-begleitung im Haus« abschließen | Umsetzung im Pilot-projekt in Wohngruppe 3 | Umsetzung Wohngruppe 3+4 | 4 | |
| Mehrarbeit, Budget einhalten | Obergrenze = 30 Std. /pro Vollzeitstelle | 20 Std. / pro Vollzeitstelle | 15 Std. / pro Vollzeitstelle | 5 | |
| Prämisse: Eine durchschnittliche Krankheitsquote von unter 3,5 % | | | | | |

Abb. 34: Beispielhafte Zielvereinbarung

Der Zielvereinbarungsbogen zeigt die operationalisierten Ziele eines Mitarbeiters, die möglichen Stufen der Zielerreichung und den Gewichtungsfaktor für das jeweilige Ziel. Maximal können 60 Punkte erreicht werden.

# 3 Finanzierung und Höhe des Leistungsentgeltes

Das Leistungsentgelt wurde aus zwei Quellen gespeist, die in der Dienstvereinbarung festgelegt wurden:

- Die Mitarbeiter stellten 5 % vom Jahresbruttoeinkommen inklusive Weihnachts- und Urlaubsgeld »ins Risiko«, d. h. sie können im Extremfall, bei mangelhafter Leistung 5 % weniger verdienen.
- Der Arbeitgeber stockte den Eigenanteil der Mitarbeiter um max. 5 % auf, damit es nicht »nur« zu einer Umverteilung zwischen leistungsstarken und leistungsschwachen Mitarbeitern kam. Dieser Betrag war ein Vorschuss auf die erwartete bessere Leistung, die sich auch in einem besseren Ergebnis niederschlagen sollte.

Die teilnehmenden Mitarbeiter konnten somit von 0 % bis zu 10 % Leistungsentgelt erhalten. Der Topf mit dem Leistungsentgelt musste nicht ausgeschüttet werden.

# 4 Der Einführungsprozesses

## 4.1 Gestaltungsphase

Zur Gestaltung und Einführung wurde eine Projektstruktur gewählt. Ein Projektteam bestehend aus je drei Mitarbeiterinnen der Dienstgeber und der MAV erarbeiteten das Leistungsentgeltsystem. Alle potentiell teilnehmenden Mitarbeiter wurden in das Projekt einbezogen. Nach der Entscheidungsphase existierten zwei Gruppen im Haus, die teilnehmenden und die nicht teilnehmenden Mitarbeiter. Beide Gruppen wurden gleichermaßen zu regelmäßigen Treffen mit Informationen über den Verlauf des Projekts eingeladen. Alle teilnehmenden Mitarbeiter wurden in einer ersten Schulung über Inhalte und Veränderungen informiert, die bewertenden Führungskräfte wurden in Zielvereinbarung und Gesprächsführung geschult.

Widerstände gegen das absolut neue Thema für die Einrichtung wurden so im Vorfeld ausgeräumt bzw. dadurch umgangen, dass das Leistungsentgelt auf freiwilliger Basis eingeführt wurde. Es nahmen im Laufe der Jahre zunehmend mehr Mitarbeiter an dem Leistungsentgelt teil. Der Zeitaufwand für die Erarbeitung der Zielvereinbarungen, die Meilen- und Beurteilungsgespräche hat sich aufgrund des Lernprozesses auf 20 % des Aufwandes des ersten Jahres reduziert. Das Verantwortungsgefühl der Mitarbeiter für die eigene Arbeit, das Team und die Einrichtung nahm erheblich zu. Die Einführung der Zielvereinbarungen und der damit verbundene Prozess sorgten für eine höhere Sensibilität der Mitarbeiter für ihre Aufgaben und die wirtschaftlichen Bedingungen der Einrichtung. Es gab im Alltag eine Reihe von guten Ideen für neue Ziele im Folgejahr.

Innovative Entgeltsysteme, Eckhard Eyer
© Vincentz Network GmbH & Co. KG, Hannover 2010; ISBN 978-3-86630-115-3

## 4.2 Information

Das Projektteam informierte alle Mitarbeiter ein halbes Jahr vor Projektstart in zwei Mitarbeiterversammlungen und stellte die Dienstvereinbarung vor. In der Mitarbeiterversammlung konnten Mitarbeiter den Entwurf hinterfragen, Verbesserungen und Ergänzungen einbringen. Nachdem die Entscheidung gefallen war, dass zum Eigenanteil der Mitarbeiter von 5 % ihres Entgeltes zusätzlich ein Anteil des Arbeitgebers von 5 % kam, war das Argument, dass es nur um ein »gegeneinander Arbeiten« und eine Umverteilung ging, vom Tisch.

## 4.3 Umsetzungsphase

Seit Januar 2005 waren vier Teams am Modellprojekt beteiligt Im Januar 2005 gab es mit allen Mitarbeitern die ersten Zielvereinbarungsgespräche. Sie wurden im Vorfeld über Ziele, die die Vorgesetzten vereinbaren wollten, in der Einladung informiert und gebeten, im Gespräch eigene Ideen für ihre Ziele einzubringen. Es sollten nicht mehr als fünf Ziele je Mitarbeiter vereinbart werden. Bei allen Gesprächen wirkten die Mitarbeiter aktiv mit. Nach sechs Wochen wurden erste Feedbackgespräche geführt mit dem Ziel, Sicherheit zu vermitteln und eventuelle Missverständnisse zu klären. Danach fand Anfang des dritten Quartals das jeweils zweite Feedbackgespräch statt. Im Januar des Folgejahres wurden Bewertungen der Ziele 2005 vorgenommen und die Ziele für das Jahr 2006 vereinbart.

## 4.4 Schulungen

Es wurden für alle am Projekt beteiligten Mitarbeiter Schulungen angeboten. Führungskräfte und Mitarbeiter wurden in der Gesprächsführung, dem aktiven Zuhören und der Formulierung ihrer Vorstellungen geschult. Die Führungskräfte erhielten zusätzlich eine Schulung darüber, wie sie die Bewertungsgespräche führen sollten; hierbei war der Schwerpunkt auf Kritik- und Konfliktgespräche ausgerichtet.

## 4.5 Erste Erfahrungen

Ein Mitarbeiter hat in den letzen vier Jahren einmal die Schiedskommission angerufen, da er mit einer Bewertung nicht einverstanden war. Die Zielerreichungsgrade der Mitarbeiter waren in den letzten Jahren sehr hoch, wie diese Tabelle zeigt:

| Prozent der teilnehmenden Mitarbeiter | Erreichter Zielerreichungsgrad | Durchschnittlicher Zielerreichungsgrad |
|:---:|:---:|:---:|
| 85 % | 100 % | 97,8 % |
| 5 % | 90 % | |
| 5 % | 78 % | |
| 5 % | 88 % | |

Abb. 35: Zielerreichungsgrade der Mitarbeiter

## 4.6 Evaluation

Bedingung des Modellprojektes war die wissenschaftliche Begleitung und Evaluation. Es wurden eine Status-, Prozess- und Projekt(ergebnis)evaluation durchgeführt. Die Statusevaluation betraf die Bestandsaufnahme in den Modelleinrichtungen am 1. Januar 2005. Ihr schloss sich nach einem Jahr die Prozessevaluation und nach zwei Jahren die Projektevaluation an. In allen Phasen wurden die Ergebnisse den Mitarbeitern rückgemeldet und Gestaltungsempfehlungen abgeleitet. Abb. ••• zeigt ein Ergebnis des Vorher-Nachher-Vergleichs.

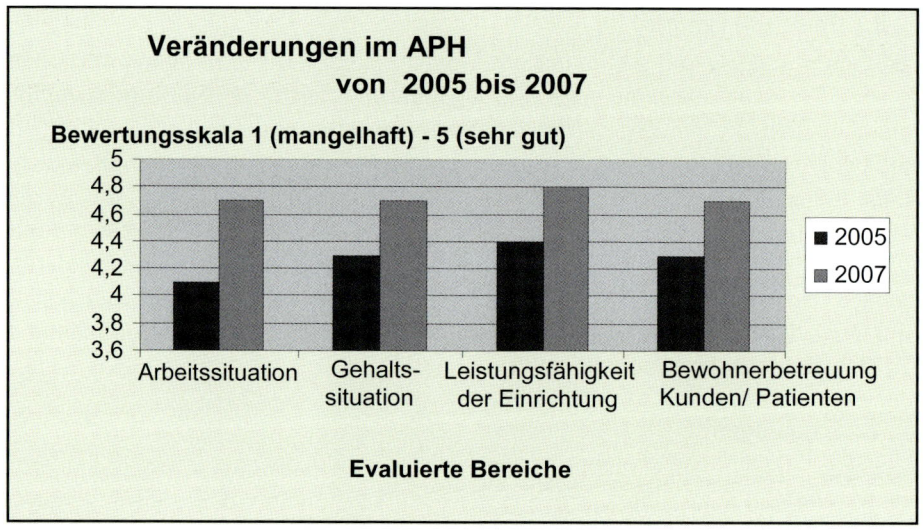

Abb. 36: Vergleich der Status- und Projektevaluation (Quelle: Eyer, Wassong)

Abb. 36 zeigt in allen vier evaluierten Bereichen eine klare Verbesserungstendenz in den Jahren 2005 bis 2007.

## 5 Fazit

Management, Mitarbeitervertretung und Mitarbeiter erarbeiteten in einem transparenten Prozess ein Leistungsentgeltsystem. In der Entscheidungsphase in 2004 haben sich viele Mitarbeiter zunächst schwer getan, ohne konkrete Vorerfahrungen 5 % ihres Gehaltes ins Risiko zu stellen. Von daher empfiehlt sich bei der Einführung ein »Trockenlauf« als vertrauensbildende Maßnahme zum Abbau von Vorbehalten und Ängsten.

Das Leistungsentgeltprojekt brachte der Einrichtung, den Bewohnern und den Mitarbeitern nur Vorteile. Es sind im Einzelnen:

Innovative Entgeltsysteme, Eckhard Eyer
© Vincentz Network GmbH & Co. KG, Hannover 2010; ISBN 978-3-86630-115-3

- Mitarbeiter haben klarere Ziele.

- Die Zusammenarbeit zwischen den Diensten hat sich verbessert, da Mitarbeiter auch an der Zielerreichung ihrer Kollegen interessiert sind und sie in der Zielerreichung unterstützen.

- Durch Zielvereinbarung wurde eine hohe Transparenz geschaffen.

- Trotz einer vorhandenen hohen intrinsischen Motivation der Mitarbeiter sorgt die etablierte Feedbackkultur verbunden mit dem Leistungsentgelt für einen weiteren Motivationsschub.

- Das Bewusstsein bezüglich Selbstorganisation, Ablauforganisation und angemessener Prioritätensetzung wird geschärft.

- Durch das gemeinsame Festlegen von Zielen, die sich am Leitbild, den Unternehmenszielen und den Fähigkeiten der Mitarbeiter orientieren, sorgen wir für größtmögliche Effizienz.

- Auf Grund der positiven Erfahrungen hat sich die Einrichtung entschieden, mit Zielvereinbarungen die Qualität des Hauses weiterzuentwickeln.

# Leistungsbewertung – Information von Mitarbeitern und Führungskräften

## 1 Einleitung

Das Projekt von der Entscheidung, eine systematische Leistungsbewertung einführen zu wollen, bis zu deren Realisierung erstreckt sich in der Praxis über einen längeren Zeitraum von einem halben bis zu einem Jahr. In dieser Zeit werden das Verfahren erarbeitet, die Methode zur Berechnung des Leistungsentgelts entwickelt, Simulationsrechnungen durchgeführt sowie viele weitere Aufgaben erledigt. Ein solches Projekt, an dem MitarbeiterInnen verschiedener Bereiche/Abteilungen eines Unternehmens oder einer Einrichtung beteiligt sind, darf nicht abgeschottet von der betrieblichen Praxis durchgeführt werden, da sonst der Eindruck von »Geheimniskrämerei« erzeugt wird, der zu Misstrauen und Abwehr führt. Vielmehr sollte von Beginn an über die geplanten Arbeiten und in sinnvollen Zeitabständen über den jeweiligen Stand des Projektes ausführlich informiert werden.

## 2 Information vor Projektbeginn

Vor Beginn eines Projektes zur Erarbeitung und Einführung eines systematischen Leistungsbewertungsverfahrens sollten alle Mitarbeiter über das Vorhaben informiert werden. Eine sachliche Information über das geplante Projekt, seine tarifvertraglichen Rahmenbedingungen und die angestrebten Ziele verhindert das Verbreiten von Gerüchten, bei denen aufgrund von Nichtwissen häufig Vermutungen und Halbwahrheiten als konkrete Informationen vermittelt werden. Wenn die Mitarbeiter sich von Beginn an in das Projekt einbezogen fühlen und dieses begleiten, erhöht dies die spätere Akzeptanz der Ergebnisse.

Eine solche Information kann durch ein Rundschreiben in schriftlicher Form erfolgen. Bietet sich die Möglichkeit, diese Erläuterungen im Rahmen einer Betriebsversammlung vorzutragen, ist dies häufig noch besser, da die Möglichkeit zu Fragen und Diskussion gegeben ist.

## 3 Information während der Projektlaufzeit

Sind im Projektablauf bestimmte Meilensteine erreicht, kann es sinnvoll sein, die Mitarbeiter über Zwischenstände zu informieren.

So kann es insbesondere in großen Einrichtungen/Unternehmen, deren Bereiche nicht alle in der Betrieblichen Kommission vertreten sein können, hilfreich sein, solche Zwischenstände in den Bereichen zu diskutieren, damit man sich vergewissert, ob bereichspezifische Bedürfnisse angemessen berücksichtigt werden. Sinnvolle Änderungs- oder Ergänzungsvorschläge können so in die weitere Arbeit einfließen.

Innovative Entgeltsysteme, Eckhard Eyer
© Vincentz Network GmbH & Co. KG, Hannover 2010; ISBN 978-3-86630-115-3

Bei solchen Zwischeninformationen kann jedoch auch die Gefahr des »Zerredens« entstehen. Oft lässt sich ein geschlossenes Gesamtkonzept besser verstehen und beurteilen als einzelne Bausteine. Hier ist gut abzuwägen, welche Informationen zu welchen Zeitpunkten weitergegeben werden.

## 4 Information vor oder nach Abschluss der Dienst- oder Betriebsvereinbarung

Die Erfahrungen aus der Praxis zeigen, dass die Informationsvermittlung zum Ende des Projektes unterschiedlich gehandhabt wird.

### 4.1 Information vor Abschluss der Dienst- oder Betriebsvereinbarung

In manchen Einrichtungen oder Unternehmen verlangt insbesondere der Betriebs-/ Personalrat oder die Mitarbeitervertretung, dass vor Unterzeichnung der entsprechenden Vereinbarung eine Information aller Mitarbeiter erfolgt. Ziel einer solchen Information, die in der Regel im Rahmen einer Betriebsversammlung gegeben wird, ist in erster Linie eine Absicherung der Mitarbeitervertreter diesbezüglich, dass der Abschluss einer solchen Vereinbarung auch von den Mitarbeitern mitgetragen wird.

Dieser Wunsch nach Absicherung ist nachvollziehbar; fraglich ist jedoch, ob er auch sinnvoll ist.

Die Mitglieder der Betrieblichen Kommission, die laut Tarifvertrag paritätisch aus Vertretern der Geschäftsführung und der Mitarbeiter besetzt ist und den Auftrag hat, das Verfahren zur Leistungsermittlung zu erarbeiten, haben im Laufe dieser Arbeit einen Lernprozess durchgemacht. Sie haben die zahlreichen Optionen zur Gestaltung eines Leistungsentgeltsystems diskutiert und zum Teil verworfen. In einem aufwändigen Diskussionsprozess ist dann – auch durch Kompromisse – ein Verfahren entstanden, das genau auf die betrieblichen Bedürfnisse zugeschnitten ist. Die Mitglieder der Betrieblichen Kommission haben somit einen großen Wissensvorsprung vor den anderen Beschäftigten. Fragt man Letztere nach ihrer Meinung zu dem Ergebnis des Prozesses, wird man ihnen nur schwerlich die langwierigen und kurvigen Wege, die die Betriebliche Kommission gegangen ist, vermitteln können. Daher ist es fraglich, ob die Mitarbeiter in einer Betriebsversammlung zur Abgabe eines qualifizierten Votums fähig sind.

Meines Erachtens ist es sinnvoller, die Mitarbeiter während der Arbeiten am Leistungsentgeltsystem über Zwischenstände zu informieren, so dass sachliche Einwände vor- und in die Arbeit der Betrieblichen Kommission eingebracht werden können.

### 4.2 Information nach Abschluss der Dienst- oder Betriebsvereinbarung

In Einrichtungen/Unternehmen, in denen ein solches Mitarbeitervotum nicht erforderlich ist, sollte die ausführliche Information nach Abschluss der Dienst-/ Betriebsvereinbarung erfolgen.

Innovative Entgeltsysteme, Eckhard Eyer
© Vincentz Network GmbH & Co. KG, Hannover 2010; ISBN 978-3-86630-115-3

Hier sind sowohl das vereinbarte Verfahren, das Vorgehen sowie die nächsten Schritte ausführlich zu erläutern. Dafür bieten sich eine Betriebsversammlung oder bei sehr großen Einrichtungen/Unternehmen auch Versammlungen einzelner Bereiche/Abteilungen an. Die Inhalte der Dienst-/Betriebsvereinbarung sollten in verständlicher Form erläutert und genügend Raum zum Stellen und zur Beantwortung von Fragen gegeben werden.

Inhaltliche Schwerpunkte sind auch hier die Darstellung des Verfahrens und des Vorgehens zur Leistungsermittlung, die Berechnung der Leistungszulage oder -prämie sowie die nächsten Schritte.

## 5 Informationsbroschüre

Auch wenn die Mitarbeiter in einer Betriebsversammlung ausführlich informiert wurden, werden sie das Präsentierte nicht in allen Einzelheiten behalten. Daher sollte ergänzend eine ausführliche Broschüre erstellt werden, die an alle Mitarbeiter verteilt wird.

Inhalte dieser Broschüre sind im Wesentlichen

- das Verfahren zur Leistungsermittlung,
- das Vorgehen zur Leistungsermittlung,
- die Berechnung der Leistungszulage/-prämie sowie
- die Reklamationsmöglichkeiten für Mitarbeiter.

Eine solche Broschüre sollte anschaulich und leicht verständlich geschrieben sein. So bietet es sich u.a. an, den Rechenweg durch Beispielrechnungen zu verdeutlichen.

Diese Broschüre dient nicht nur den derzeit beschäftigten Mitarbeitern zur Information; neu eingestellten Mitarbeitern kann sie mit den Einstellungsunterlagen ausgehändigt werden, so dass diese sich frühzeitig über das in der Einrichtung / dem Unternehmen praktizierte Leistungsentgeltsystem informieren können.

Innovative Entgeltsysteme, Eckhard Eyer
© Vincentz Network GmbH & Co. KG, Hannover 2010; ISBN 978-3-86630-115-3

# Leistungsbewertung – Schulung der Bewerter

## 1  Einleitung

Leistungsvergütung gehört in der Industrie seit den 60er Jahren des letzten Jahrhunderts zum Alltag der Mitarbeiter in der Produktion. Verschiedene Formen des Leistungsentgelts kamen und kommen auch heute noch üblicherweise zur Anwendung: vom Akkordlohn, der die Höhe des Entgelts an der erbrachten Menge festmacht, über die Prämienentlohnung, bei der weitere Kriterien wie beispielsweise neben der Quantität auch die Qualität hinzukommen, bis hin zur Leistungsbeurteilung – im TVöD systematische Leistungsbewertung genannt – die die Leistung anhand von Verhaltensmerkmalen ermittelt.

Im Öffentlichen Dienst und in der Sozialwirtschaft betreten die Einrichtungen/ Unternehmen mit der Einführung eines Leistungsentgelts dagegen völliges Neuland. Weder die Personalabteilungen noch die Führungskräfte noch die Mitarbeiter sind mit dieser Form der Vergütung vertraut. Unsicherheit macht sich auf allen Ebenen breit und aus dieser Unsicherheit resultiert häufig auch eine Abwehrhaltung, die das gesamte Projekt der Einführung eines Leistungsentgelts zu gefährden droht.

Aus diesen Gründen sind eine umfassende Information und Einbeziehung aller Beteiligten sowie eine gründliche Schulung der Beurteiler Voraussetzungen für eine erfolgreiche Einführung einer systematischen Leistungsbewertung.

In diesem Beitrag werden die wesentlichen Elemente einer Schulung zur Leistungsbewertung aufgezeigt und anhand von Beispielen veranschaulicht.

## 2  Systematische Leistungsbewertung – Wer bewertet wen?

Bei der Systematischen Leistungsbewertung wird anhand vorgegebener Leistungsmerkmale das Leistungsniveau eines Mitarbeiters oder einer Mitarbeiterin in der Regel mittels vorab beschriebener Leistungsstufen beurteilt. Wichtig für eine sorgfältige Beurteilung ist daher, dass der Beurteiler eine tätigkeitsbezogene Nähe zum Beurteilten hat. Er braucht einen guten und weitgehend kontinuierlichen Einblick in seine Arbeit. Daher übernimmt in der Regel die direkte Führungskraft die Durchführung der Beurteilung. Hier unterscheidet sich die Leistungsbewertung deutlich von der Entgeltmethode der Zielvereinbarung, bei der eher das »Führen auf Distanz« gefördert wird, da man erst am Ende des Bewertungszeitraums die Arbeitsergebnisse anhand des Grades der Zielerreichung bewertet.

Häufig werden in der Praxis jedoch auch Leistungsbewertungen in Form einer Kombination aus einer Fremd- und einer Selbstbewertung durchgeführt, d.h. neben der direkten Führungskraft als Bewerter muss auch der Beurteilte selbst eine Bewertung seiner Leistung vornehmen. In diesem Fall sind also nicht nur die Fremdbeurteiler sondern auch die Mitarbeiter selbst in der Anwendung des Verfahrens zu schulen.

Innovative Entgeltsysteme, Eckhard Eyer
© Vincentz Network GmbH & Co. KG, Hannover 2010; ISBN 978-3-86630-115-3

# 3  Organisation der Schulung

### 3.1 Anzahl und Dauer der Seminare

Noch vor Abschluss der entsprechenden Betriebs- oder Dienstvereinbarung zum Leistungsentgelt sollten die Schulungsmaßnahmen geplant werden. Die Anzahl der Seminare ist in Abhängigkeit der zu schulenden Führungskräfte und Mitarbeiter festzulegen. Da den Führungskräften neben der Anwendung des Verfahrens auch wesentliche Aspekte der Gesprächsführung vermittelt werden sollen – eine Aufgabe, die im Wesentlichen ihnen zukommen und die z.B. in Form von Rollenspielen geübt wird, sollte die Zahl der Teilnehmer an den Führungskräfte-Seminaren bei maximal 15 liegen. Für die Mitarbeiter-Seminare, in denen die Anwendung des Verfahrens für Selbstbeurteiler vermittelt wird, kann die Teilnehmerzahl bei 20 bis 25 Personen liegen.

Die Termine, zu denen die Seminare stattfinden sollen, müssen frühzeitig bekannt gegeben werden. Zugleich ist darauf zu achten, dass alternative Termine angeboten werden, damit nicht alle Führungskräfte oder Mitarbeiter einer Abteilung gleichzeitig ein Seminar besuchen und so die Abteilung nur bedingt arbeitsfähig ist.

Um die Dauer der Seminare sinnvoll festzulegen, ist Folgendes zu berücksichtigen:

- Wie viele Vorinformationen haben die Teilnehmer bereits erhalten?
- Wurde das Verfahren bereits mündlich oder schriftlich erläutert?
- Ist das Verfahren sehr komplex?
- Werden in der betreffenden Einrichtung schon heute regelmäßig Mitarbeitergespräche – ohne Entgeltwirksamkeit – geführt?

Von der Beantwortung dieser Fragen hängt der Umfang der Seminarinhalte stark ab. Wenn z.B. schon seit längerem Mitarbeitergespräche zum Feedback in der Einrichtung geführt werden, wird es nicht erforderlich sein, intensive Schulungen zum Thema Gesprächsführung, Äußern von Kritik u. Ä. durchzuführen.

Auch ist z.B. für Übungen in Kleingruppen die Anzahl der Trainer/Referenten wesentlich; arbeiten diese zu zweit, kann man z. B. Rollenspiele parallel durchführen, so dass möglichst jeder Teilnehmer nicht nur als passiver Zuschauer, sondern auch als aktiv Handelnder beteiligt werden kann.

In der Regel sollte mindestens ein Tag für das Seminar vorgesehen werden. Wenn die Führungskräfte hier jedoch erstmals mit dem Thema Leistungsbewertung in Berührung kommen, sollte man anderthalb bis zwei Tage einplanen.

In der Praxis hat es sich auch als sehr sinnvoll erwiesen, einen weiteren Seminartag nach Abschluss einer Erprobungsphase in der Einrichtung – in der Regel ein Trockenlauf, in dem das Verfahren angewandt wird, die Ergebnisse aber noch nicht entgeltrelevant sind, – zu planen. Dieser dient im Wesentlichen dem Erfahrungstausch

Innovative Entgeltsysteme, Eckhard Eyer
© Vincentz Network GmbH & Co. KG, Hannover 2010; ISBN 978-3-86630-115-3

und der Behandlung von Fragen, die sich in der praktischen Anwendung ergeben haben. Unsicherheiten im Umgang mit dem Verfahren oder auch im Führen der Mitarbeitergespräche können hier behoben werden.

### 3.2 Erforderliche äußere Bedingungen

Der Seminarort sollte so gewählt werden, dass möglichst wenige Störungen auftreten. Die Teilnehmer sollten sich auf das Thema konzentrieren können. Anfragen von außen, Telefonaten u. Ä. wird häufig Vorrang eingeräumt und sie behindern damit den reibungslosen Fortgang des Seminars.

Neben dem eigentlichen Seminarraum sollte mindestens ein zweiter Raum zur Verfügung stehen, der für die parallelen Gruppenarbeiten genutzt werden kann.

Als Hilfsmittel sollten Pinnwände mit Kärtchen, Flipcharts sowie ein Overhead-Projektor oder besser Beamer mit entsprechender Projektionsfläche zur Verfügung stehen.

## 4 Aufbau und Methoden der Schulungen

### 4.1 Seminaraufbau

Sinnvollerweise sollte ein Seminar zur Schulung der Bewerter bezüglich der systematischen Leistungsbewertung aus vier Blöcken bestehen:

- Das Verfahren zur systematischen Leistungsbewertung,
- Anwendung des Verfahrens,
- Führung des Mitarbeitergespräches,
- Anwendung/Übung des Erlernten mit Feedback.

Im ersten Block wird das anzuwendende Verfahren der Leistungsbewertung – sei es einrichtungsspezifisch oder auch tariflich – ausführlich erläutert. Grundlage hierfür bietet insbesondere die abgeschlossene Betriebs- oder Dienstvereinbarung.

Die Leistungsmerkmale und -stufen werden vorgestellt und anhand von Beispielen wird beschrieben, wie diese auf die Bewertung konkreter Leistungen bezogen werden. Auch der Weg vom Bewertungsergebnis bis hin zur Ermittlung der individuellen Leistungszulage oder -prämie wird möglichst anhand praxisnaher Rechenbeispiele verdeutlicht. In diesem Block ist Zeit für eine ausführliche Diskussionsrunde einzuplanen: das Verfahren ist Kernstück der Leistungsbewertung; so müssen die Führungskräfte nicht nur als Bewerter die Inhalte lückenlos verstanden haben, sie müssen auch in der Lage sein, Fragen ihrer Mitarbeiter dazu zu beantworten.

Im zweiten Block erhalten die zukünftigen Nutzer des Verfahrens Hilfen für die Anwendung. Der Weg vom »Beobachten« der Arbeit des Mitarbeiters, über das »Beurteilen« und anschließende »Bewerten« seiner Leistung bis hin zum »Besprechen« im Mitarbeitergespräch wird ausführlich und praxisorientiert beschrieben.

Innovative Entgeltsysteme, Eckhard Eyer
© Vincentz Network GmbH & Co. KG, Hannover 2010; ISBN 978-3-86630-115-3

Den Seminarteilnehmern werden Vorgehensweisen, wie z.B. die Anwendung eines Rangreihenverfahrens, und auch Hilfsmittel, wie z.B. ein Beurteilungsbogen, an die Hand gegeben, die eine objektive Durchführung der Leistungsbewertung unterstützen.

Der dritte Block des Seminars widmet sich dann dem wesentlichsten Baustein der Leistungsbewertung: dem Mitarbeitergespräch. Die Leistungsbewertung sollte nicht nur als Mittel zur leistungsorientierten Vergütung genutzt werden, sondern auch zur – oftmals wichtigeren – Förderung und Motivation der MitarbeiterInnen. Um diese letztgenannten Ziele zu erreichen, ist es wichtig, das Mitarbeitergespräch, in dem die Ergebnisse der Leistungsbewertung kommuniziert werden, gründlich vorzubereiten und sorgfältig zu führen. Der Erfolg des Mitarbeitergespräches ist daran zu messen, inwieweit es den Beteiligten – also Führungskraft und Mitarbeiter – auch anschließend weiter oder sogar noch besser möglich ist, konstruktiv und vertrauensvoll miteinander zu arbeiten.

Hierzu werden der Führungskraft in diesem Block wesentliche Grundlagen der Gesprächsführung vermittelt. So werden Regeln erarbeitet, wie Kritik zu äußern ist, und Hinweise gegeben, wie Maßnahmen zur Behebung von Leistungsschwächen von Mitarbeitern besprochen und festgehalten werden können.

Im vierten Block wird anhand von Beispielbeschreibungen aus der Praxis der jeweiligen Einrichtungen die Anwendung des Leistungsbewertungsverfahrens geübt. In Form von Rollenspielen lernen die Teilnehmer Mitarbeitergespräche zu führen und sich sachlich und respektvoll mit dem jeweiligen Gegenüber auszutauschen. Die Rollenspiele werden von den anderen Seminarteilnehmern begleitet und anschließend ausgewertet und diskutiert. Im Rahmen dieser praktischen Anwendung ergeben sich häufig Detailfragen, für deren Beantwortung man ausreichend Zeit vorsehen sollte.

### 4.2 Methoden

Die ersten beiden Blöcke sind sehr stark inputorientiert, d.h. die Kenntnisse werden in erster Linie in Form von präsentationsgestützten Vorträgen vermittelt.

Bezüglich des dritten Blocks ist dies zur Einführung hinsichtlich der Gesprächsvorbereitung und des -ablaufs ebenfalls angebracht. Bezogen auf die Gesprächsführung und den Umgang mit dem Gesprächspartner können wesentliche Inhalte jedoch auch gemeinsam – ggf. mittels Kärtchenabfrage – erarbeitet werden.

Im vierten Block sind alle Teilnehmer als Akteure involviert. Entweder führen sie selbst Rollenspiele durch oder beteiligen sich als Beobachter und Auswerter der Rollenspiele.

### 4.3 Materialien für die Teilnehmer

Zum Abschluss des Seminars sollte jeder Teilnehmer Kopien der Präsentationen sowie der verwendeten Formblätter und Beispiele erhalten, so dass er diese Unterlagen mit Abstand und in Ruhe nochmals lesen kann.

## 4.4 Folgeseminar

Häufig treten im Nachhinein bei der Sichtung der Unterlagen oder vor allem auch durch Gespräche mit Kollegen noch Fragen auf, für deren Klärung man ebenfalls Raum und Zeit vorsehen sollte. Die Beantwortung der Fragen kann beispielsweise mittels Intranet erfolgen, indem man einen Katalog von so genannten FAQs (frequently asked questions) mit den jeweiligen Antworten dort einstellt.

Ergibt sich vermehrter Gesprächsbedarf, ist es sinnvoll, einen weiteren Seminartermin von einem halben bis zu einem ganzen Tag anzusetzen, in dem diese Fragen geklärt werden.

Ein solcher Seminartag wird in der Praxis insbesondere dann genutzt, wenn die Führungskräfte und MitarbeiterInnen einer Einrichtung ein Leistungsbewertungsverfahren zunächst in einem »Trockenlauf« erproben. »Trockenlauf« bedeutet, dass die Leistungsbewertung wie vorgegeben durchgeführt und auch in einem Mitarbeitergespräch besprochen wird; allerdings ergeben sich hier noch keine finanziellen Auswirkungen für die MitarbeiterInnen. Das Verfahren wird also zu Übungszwecken »entschärft«, damit alle Beteiligten die Gelegenheit erhalten, das Vorgehen kennenzulernen und eventuelle Vorbehalte dagegen abzulegen.

Nach Abschluss eines solchen »Trockenlaufes« haben sich in der praktischen Erprobung des Verfahrens häufig Probleme oder Fragen ergeben, zu denen sich die Beteiligten gerne austauschen wollen und die in einem solchen Seminartag zu klären sind. Auf diese Weise können Hindernisse auf dem Weg zu einer erfolgreichen Anwendung der Leistungsbewertung vor dem »Ernstfall« beseitigt werden.

## 5  Fazit

Unwissenheit erzeugt Unsicherheit und daraus resultierend auch ein Abwehrverhalten gegenüber Neuerungen. Um die Einführung einer Leistungsbewertung daher erfolgreich zu gestalten, ist eine umfassende Schulung aller Beteiligten erforderlich. Gerade in solchen Einrichtungen und Unternehmen, in denen eine so genannte Feedback-Kultur noch neu ist, sind die Schulungen sorgfältig und in ausreichendem Maße zu planen.

Innovative Entgeltsysteme, Eckhard Eyer
© Vincentz Network GmbH & Co. KG, Hannover 2010; ISBN 978-3-86630-115-3

# Betriebliches Entgeltsystem einführen oder bisherige Regelungen beibehalten

## 1 Einführung

In den vorangegangenen Kapiteln wurde erläutert, welche Gestaltungsoptionen es beim Grundentgelt, Leistungsentgelt und der Erfolgsbeteiligung gibt, wie die Bausteine sinnvoll miteinander kombiniert werden können und wie der Prozess der Einführung bis hin zur Information und Kommunikation mit den Mitarbeitern und Führungskräften läuft. Nachdem diese Informationen vorliegen und Sie einen Überblick über die vor Ihnen liegende Arbeit haben, stellt sich die Frage, ob Sie entscheiden »Das ist der Weg für mein Unternehmen« oder zu dem Schluss kommen, »Ein betriebliches Entgeltsystem zu haben wäre toll, aber der Weg dorthin ist zu steinig und Aufwand und Ertrag stehen in keinem angemessenen Verhältnis zueinander«.

Beide Entscheidungen können richtig sein. Zur Vorbereitung Ihrer Entscheidung sollten Sie die nachfolgend gelisteten Fragen, die Sie für die Komplexität der Entscheidung sensibilisieren sollen, beantworten. Sie können dadurch festzustellen, ob Ihr Unternehmen »reif« für ein betriebliches Entgeltsystem ist. In diesem Zusammenhang ist auch zu prüfen, ob es Synergien bei der Erarbeitung eines neuen Entgeltsystems gibt.

## 2 Fragen an die Geschäftsleitung

### 2.1 Rechtliche Aspekte

Wie ist die rechtliche Situation? Was wenden Sie zurzeit an

- Flächentarif,
- betriebliche Regelung,
- mehrere betriebliche und/oder tarifliche Regelungen parallel,
- nur Einzelarbeitsverträge,
- satzungsbedingt Zugehörigkeit zu einem Spitzenverband und dessen Tarifwerk.

Wenn Ihre Einrichtung keinem Arbeitgeberverband angehört und keinen Bezug zu tariflichen Entgeltsystemen bzw. Tarifverträgen und Arbeitsvertragsrichtlinien hat, ist die Einführung eines betrieblichen Entgeltsystems wesentlich leichter, als wenn die Mitgliedschaft in einem Arbeitgeberverband vorliegt bzw. in den Arbeitsverträgen auf Tarifverträge und Arbeitsvertragsrichtlinien Bezug genommen wird.

### 2.2 Wirtschaftliche Situation

Wie ist die wirtschaftliche Situation des Unternehmens, wie sind die wirtschaftlichen Aussichten insbesondere im Hinblick auf die Refinanzierung?

Innovative Entgeltsysteme, Eckhard Eyer
© Vincentz Network GmbH & Co. KG, Hannover 2010; ISBN 978-3-86630-115-3

- entspannt,
- angespannt,
- sehr schwierig.

Entgeltsysteme können zum einen deshalb geändert werden, weil sie wenig sinnvoll und demotivierend sind sowie gegen geltende Gesetze verstoßen. Zum anderen kann ein wirtschaftlicher Handlungsdruck dazu führen, das bestehende Entgeltsystem z. B. den TVöD oder die AVR zu verlassen, um die wirtschaftliche Existenz der Einrichtung zu sichern.

### 2.3 Informations- und Kommunikationspolitik

Wie ist die Informations- und Kommunikationspolitik gegenüber Mitarbeitern und ihren Vertretern (Betriebsrat, Mitarbeitervertretung)?

- Die Informationspolitik ist sehr offen, wir sind eine veröffentlichungspflichtige Organisation. Den Mitarbeitern sind alle leistungs- und betriebswirtschaftlichen Kennzahlen bekannt. Die Mitarbeiter sind aktiv am Betriebsgeschehen beteiligt und engagieren sich.

- Die Mitarbeiter kennen die Leistungs- und Qualitätskennzahlen. Betriebswirtschaftliche Zahlen über die Situation der Einrichtung kennen sie nicht, aber sie wissen im Großen und Ganzen, wie es um uns steht.

- Die Mitarbeiter erhalten alle für sie notwendigen Informationen. Sie sollen mit Zahlen, die nicht alle verstehen, nicht überfrachtet werden. Bei uns übernimmt jeder seine Aufgabe.

Je besser die Mitarbeiter informiert sind und sich mit dem Unternehmen identifizieren können, desto mehr Vertrauen haben sie grundsätzlich zu ihrem Management und sind somit bereit, sich von allgemeinen Regelungen – wie den Flächentarifverträgen – zu lösen, um eigene Wege zu gehen. Je besser der Einblick der Mitarbeiter und der Arbeitnehmervertreter in die wirtschaftliche Situation der Einrichtung ist, desto größer ist die Bereitschaft, eventuelle finanzielle Einschnitte bei der Gestaltung betrieblicher Entgeltsysteme mitzutragen.

### 2.4 Zusammenarbeit mit den Arbeitnehmervertretern

Wie ist die Zusammenarbeit mit den Arbeitnehmervertretern (Betriebsrat, Mitarbeitervertretern, Gewerkschaft)?

- Wir haben keine organisierten Mitarbeitervertreter; wenn ein Mitarbeiter Fragen oder Probleme hat, kommt er zu seiner Führungskraft, der Personalabteilung oder der Geschäftsführung. »Wir haben immer offene Türen« und lösen Probleme schnell und produktiv.

- Wir haben eine Mitarbeitervertretung/Betriebsrat und arbeiten vertrauensvoll und konstruktiv zusammen. Gewerkschaftsvertreter kommen nicht zu uns ins Unternehmen.

- Wir sind ein Unternehmen mit einem starken Betriebsrat, der sich immer mit seiner Gewerkschaft abstimmt und ohne deren Zustimmung keine Vereinbarungen mit dem Arbeitgeber abschließt. An jährlich vier Betriebsversammlungen nimmt immer ein Vertreter der Gewerkschaft teil.

Liegt eine konstruktive Zusammenarbeit mit dem Betriebsrat vor, stehen die Zeichen für ein betriebliches Entgeltsystem besser als bei einer von Konflikten geprägten Zusammenarbeit. Ist die Zusammenarbeit des Betriebsrates mit der Gewerkschaft eng, ist im Vorfeld zu prüfen, welchen Gestaltungsspielraum die Gewerkschaft dem Betriebsrat lässt bzw. lassen kann, um den eigenen Flächentarifvertrag nicht auszuhöhlen.

### 2.5 Situation am regionalen Arbeitsmarkt

Wie ist die Situation am regionalen Arbeitsmarkt für Ihr Unternehmen und Ihre Mitarbeiter?

- Alle Wettbewerber am Arbeitsmarkt zahlen nach dem Flächentarifvertrag (z. B. TVöD, AVR der Caritas bzw. Diakonie).

- Einzelne Wettbewerber zahlen nach Flächentarifverträgen, die Mehrzahl hat eigene Entgeltsysteme entwickelt bzw. verhandelt die Arbeitsbedingungen frei.

- Kein Wettbewerber zahlt nach einem Flächentarifvertrag, das wäre in unserer Branche aufgrund der Refinanzierung wirtschaftlich nicht vertretbar.

Beim vorhandenen Mangel an Pflegefachkräften stellt sich die Frage, welche Bedingungen Sie am regionalen Arbeitsmarkt antreffen und wie Sie mit Ihrem betrieblichen Entgeltsystem darauf reagieren. Das kann z. B. dadurch geschehen, dass Sie Fehlsteuerungen des vorhandenen geltenden Entgeltsystems vermeiden, indem Sie qualifizierte Arbeiten besser bezahlen als bisher und einfache Arbeiten marktgerecht vergüten.

### 2.6 Komplexität und Ziele des Entgeltsystems

Wie komplex soll das neue Entgeltsystem werden? Aus wie vielen und welchen Bausteinen bestehen?

- Das betriebliche Entgeltsystem soll um eine leistungs- und ergebnisorientierte Komponente ergänzt werden, die aus der Jahressonderzahlung finanziert werden soll.

- Das neue betriebliche Entgeltsystem soll die beiden in der Einrichtung unterschiedlich gewachsenen Entgeltsysteme (z. B. vor 2005 und ab 2005) ablösen und kostenneutral eingeführt werden.

- Das neue betriebliche Entgeltsystem soll den alten Flächentarifvertrag ablösen, damit sollen gerechtere Entgeltstrukturen geschaffen aber auch Einsparungen verbunden werden, weil die Zukunftsfähigkeit des Unternehmens gesichert werden soll.

Die Ziele des betrieblichen Entgeltsystems ergeben sich zum einen aus der Ausgangssituation (wo drückt der Schuh) und zum anderen aus der Notwendigkeit, die Entwicklung auf dem Arbeitsmarkt der Zukunft und die Refinanzierung zu antizipieren. Angesichts der aufgeworfenen Fragen ist zu entscheiden, ob man »den großen Wurf« in einem Schritt macht oder schrittweise das Entgeltsystem ergänzt bzw. renoviert.

## 3  Entscheidung der Geschäftsleitung

Mit der Beantwortung der vorstehenden Fragen, die nicht abschließend sind, kann die Geschäftsleitung eine Einschätzung ihrer Situation vornehmen und die notwendigen Entscheidungen treffen. Heißt die Entscheidung: »Einführung eines neuen Entgeltsystems«, stellt sich die Frage, ob die Einrichtung das alleine erarbeitet und umsetzt oder ob man dies – um Synergien zu haben – z. B. mit befreundeten Unternehmen – die keine direkten Wettbewerber sind – tut.

## 4  Synergien nutzen

Die Geschäftsleitungen haben das naheliegende Bedürfnis, »das Rad nicht ein zweites Mal zu erfinden« und Entgeltbausteine oder ganze Entgeltsysteme anderer Unternehmen zu übernehmen. Dies ist, insbesondere dann wenn es sich um zusätzliche Entgeltbestandteile der Mitarbeiter handelt, die zusätzliches Entgelt bedeuten, möglich, sollte aber von intensiven flankierenden Informations- und Kommunikationsprozessen begleitet werden.

Geht es darum, neue Entgeltsysteme bei Kostenneutralität oder gar Einsparungen einzuführen, ist der Gestaltungs- und Einführungsprozess entsprechend intensiv und komplex. Hier können Synergien insbesondere auf grundsätzlich zwei Arten erreicht werden:

- Verwenden vorhandener Bausteine und sinnvolle Abstimmung derselben aufeinander in einem zügigen Gestaltungs- und Einführungsprozess.

- Erarbeiten eines neuen Entgeltsystems für mehrere Unternehmen, die annähernd die gleiche Situation haben und bei der Gestaltung des Entgeltsystems intensiv zusammenarbeiten.

Innovative Entgeltsysteme, Eckhard Eyer
© Vincentz Network GmbH & Co. KG, Hannover 2010; ISBN 978-3-86630-115-3

Es hat sich gezeigt, dass beide Wege sinnvoll und auch kombinierbar sind. Es ist wichtig, die Ziele und möglichen Bausteine, die zusammen passen, zu identifizieren und auf die betriebliche Situation zuzuschneiden.

Bei der unternehmensübergreifenden Zusammenarbeit hat es sich bewährt, in der getrennt erfolgenden betrieblichen Einführungsphase in den Unternehmen den überbetrieblichen Erfahrungsaustausch zwischen Management und Mitarbeitervertretern beizubehalten. Auf diese Weise werden Hürden gemeinsam genommen und ein gewisser Ansporn gegeben, in dem Prozess nicht stecken zu bleiben.

# Literatur

Nachfolgend finden Sie eine Auswahl von Veröffentlichungen in denen Sie Aspekte des Themas vertiefen können.

BIEDING, F; WENDLER, F.: Analytische Arbeitsbewertung von Angestelltentätigkeiten, Bund-Verlag, Köln, 1971

EYER, E.: Gute Arbeit soll sich lohnen. In: Altenheim, 4/2003, S. 20–23.

EYER, E. (Hrsg.): Entgeltsysteme für Dienstleister: Grundvergütung – Zielvereinbarung – Erfolgsbeteiligung. Düsseldorf: Symposion, 2004

EYER, E: TVöD – Übernehmen oder nicht? In Sozialwirtschaft aktuell 17/September 2006, S. 1–3.

EYER, E.: Mitarbeiter nach Leistung und Erfolg vergüten. Bank für Sozialwirtschaft, Köln, 2006

EYER, E.: Unternehmensspezifische Entgeltsysteme. Ziele – Gestaltungsoptionen – Vorgehen. In: ZS REFA Nachrichten 6/2007, 60. Jahrgang S. 22–26.

EYER, E.; HAUSSMANN, T.: Zielvereinbarung und variable Vergütung – Ein Leitfaden nicht nur für Führungskräfte. Wiesbaden: Gabler, 4. überarbeitete und erweiterte Auflage 2009

EYER, E.; WASSONG, W.: Motivierte Mitarbeiter sichern die Qualität. In: Altenheim 10/2009, S. 38–41

KELLER, J.: Grundlohnfindung durch Funktionsbilder. In: Eyer. E. (Hrsg.): ERA erfolgreich einführen   Methoden und Praxisbeispiele zum Entgeltrahmenabkommen. Symposion-Verlag, Düsseldorf, 2006

GÜNTHER, T.: Innovative Entgeltsysteme erfordern innovative Wege der Erarbeitung. In: Eyer, E. (Hrsg.): Report Wirtschaftsmediation – Krisen meistern durch professionelles Konflikt-Management. 2. erweiterte Auflage, Symposion-Verlag, Düsseldorf, 2003

PAASCHE, J.: Praxis der Arbeitsbewertung, Müssener Verlag, Köln, 4. Auflage, 1974

PORNSCHLEGEL, H.: Grundlohndifferenzierung nach analytischen Verfahren: Grundlagen – Probleme – Kritik. Arbeitsheft 822 der IG Metall, Frankfurt 1978

REFA: Methodenlehre des Arbeitsstudiums Band 4 Anforderungsermittlung (Arbeitsbewertung), Hanser Verlag, München 1977

ZANDER, E.: Handbuch der Gehaltsfestsetzung, Sauer Verlag Heidelberg, 1972

## Links

Nachfolgend sind die Internetadressen einer Reihe von Organisationen angegeben, die sich mit dem Thema Entgeltsysteme befassen, sei es auf Arbeitgeber- bzw. Dienstgeberseite, Arbeitnehmer- bzw. Dienstnehmerseite oder als Wissenschaftler. Die Liste ist nicht vollständig, bietet aber einen guten Einstieg ins Thema.

www.a-cu.de
www.apd.de
www.bertelsmann-stiftung.de
www.bfs-Service.de
www.BMI.de
www.eyer.de
www.hbs.de
www.mav.de
www.pia-projekt.de
www.vak.de
www.Sozialbank.de
www.v3d.de
www.verdi.de
www.wsi.de

## Zum Autor

Eckhard Eyer ist Diplom-Kaufmann und Diplom-Ingenieur und arbeitete nach einigen Jahren in der betrieblichen Praxis im Institut für angewandte Arbeitswissenschaft (IfaA) im Fachbereich Entgeltgestaltung. 1991 gründete er die Vergütungsberatung Perspektive Eyer Consulting. Schwerpunkt seiner Arbeit ist seit 1987 die Entgeltgestaltung in Theorie und Praxis. 1999 gründete er Fair – Institut für praktische Wirtschafts-Mediation. Als Berater und Mediator begleitete er in Unternehmen die Neugestaltung der Vergütungssysteme bis hin zum Abschluss von Betriebsvereinbarungen und Haustarifverträgen sowie deren Umsetzung in die Praxis. So hat er die ersten Modellprojekte beim Leistungsentgelt in der Caritas begleitet, Leistungs- und Erfolgsentgelt bei privaten Trägern der Altenarbeit und auch Mitarbeiterkapitalbeteiligungen eingeführt. Darüber hinaus arbeitet er als Gutachter für Aufsichts- und Verwaltungsräte, wenn es um die Vergütung der hauptamtlichen Geschäftsführer und Vorstände geht.

Eckhard Eyer ist Autor zahlreicher Bücher und Fachbeiträge und Lehrbeauftragter an der Universität Trier, Fachbereich Wirtschaftspsychologie. Er führt für verschiedene Weiterbildungsträger der Wirtschaft, Arbeitgeberverbände und Gewerkschaften Seminare und Schulungen durch.